콘텐츠 기획 편집,
제작부터
수업 디자인까지

교실 속
유튜브
수업

교실 속 유튜브 수업

발행일　2019년 9월 30일 초판 1쇄 발행
지은이　김해동, 김수진, 김병련
발행인　방득일
편　집　신윤철, 박현주, 문지영
디자인　강수경
마케팅　김지훈

발행처　맘에드림
주　소　서울시 도봉구 노해로 379 대성빌딩 902호
전　화　02-2269-0425
팩　스　02-2269-0426
e-mail　momdreampub@naver.com

ISBN　979-11-89404-24-6 93370

콘텐츠 기획 편집,
제작부터
수업 디자인까지

교실속 유튜브 수업

김해동·김수진·김병련 지음

맘에드림

최근에는 스마트폰을 이용하여 유튜브를 시청하는 사람들이 많다. 아침에 일어나서부터 유튜브를 통해 음악을 듣고, 검색도 유튜브로 하는 시대이다. 유튜브는 이제 생활 속에서 뺄 수 없는 유용한 것으로 인식되고 있다. 그러나 아무리 좋은 칼도 용도에 맞게 잘 사용해야 좋은 음식을 만들 수 있는 것처럼 우리가 유튜브라는 도구를 잘 사용하고 있는지는 생각해 볼 문제이다. 유튜브는 여러 가지 정보나 소통을 할 수 있는 유용한 플랫폼이다. 그러나 부정적으로 사용하는 일부 사람들로 인해 많은 사람들이 피해를 보고 있는 것이 문제이다.

첫째, 몰래카메라(엄마 몰카 등)이다. 과거에도 공중파 방송을 통해서 몰래카메라가 유행한 적이 있다. 과거의 몰래카메라는 많은 사람들이 봐서 크게 문제가 되지 않을 것들을 고려해서 만든 프로그램이다. 하지만 최근 유튜브에 올라 온 몰래카메라는 개인을 존중하지 않은 사생활침해로 이어져 사회적으로 심각한 문제가 되고 있다.

둘째, 공적인 것과 사적인 것을 구분해서 올려야 한다. 공적인 것은 많은 사람들이 시청을 했을 때 불쾌감이 없고, 공공의 이익을 위하고, 재미있고, 즐거운 내용들이다. 반대로 사적인 것은 개인의 사생활을 그대로 노출하는 것이다. 사생활이기 때문에 굳이 공개적으로 동영상을 공개하지 않아도 된다.

셋째, 거짓 정보의 제공이다. 유튜브에는 "카더라"하는 내용이 많다. 즉 객관적이고 검증되지 않은 정보들이 여러 사람을 통해 전파되고 있다. 2차 세계 대전 당시 괴벨스는 정치적으로 미디어를 잘못 사용하여 사람들에게 거짓 정보를 전파한 사례로 유명하다.

"교실 속 유튜브 수업"은 이와 같은 문제를 긍정적으로 바꾸기 위해서 소니아 리빙스턴의 이론을 참고로 하고 있다. 소니아 리빙스턴은 미디어리터러시를 "다양한 형태의 메시지에 접근해서 분석 평가하며, 다양한 형태의 메시지를 만들어낼 수 있는 능력"이라 하였다. "교실 속 유튜브 수업"은 동영상을 만들 때 키워야 할 부분을 제시하고자 한다.

첫째, 동영상을 이해하는 능력이다. 동영상을 만드는 과정, 동영상이 유통되어 우리에게 오는 과정 전반에 걸친 것을 이해하는 과정이다. 동영상에 대한 정보와 전반적인 과정을 인식하는 과정이다.

둘째, 동영상을 읽어내는 능력이다. 동영상을 처음 시청했을 때와 여러 번 시청했을 때 의미가 다르게 보이는 경우가 많다. 이유는 동영상을 여러 가지 관점에서 바라보게 되면서 내용이 다르게 보이기 때문이다. 또한 동영상에 담겨있는 정치, 종교, 사상, 광고 등 사회적 현상이나 동영상이 관련 산업과 사회, 문화적으로 어떤 영향을 미치는가를 생각해 보면 다양하게 메시지를 읽을 수 있다.

셋째, 내면화 능력이다. 동영상을 통해 나의 삶과 경험을 연결시켜 보는 것이다. 오스벨(Ausubel)은 유의미한 학습에서 "학습자는 자신의 인지구조와 의미 있게 관련지어 학습을 수행함으로 이루어진다."라고 하였는데 개인의 사고나 가치관에 영향을 주고 결국은 행동으로 이어지게 된다. 동영상을 읽는 능력은 객관적 분석이라면 내면화 작업은 주관적 분석으로 스스로 생각하는 힘을 기르는 것이다.

넷째, 표현하는 능력이다. 동영상에서 나의 생각을 구체적으로 나타내는 것이다. 동영상을 통해 자신의 삶을 되돌아보고 나의 삶을 좀 더 구체적이고 창조적으로 표현한다.

다섯째, 메시지 분석 능력을 통해 비판적 사고 능력을 향상한다. 동영상은 화면으로 보여주는 것뿐만 아니라 숨은 코드와 스토리로 메시지를 전달할 수 있다. 동영상에서 담고 있는 내용을 그대로 수용하는 것이 아니라 이것이 사실에 기반한 내용인지 분석하고 비판적으로 판단하게 된다.

여섯째, 동영상을 제작하는 과정에서 의사소통 능력, 협업 능력, 창의력, 문제 해결 능력, 도구 활용 능력을 기른다. 제작에는 기본적으로 창작과 공동 활동으로 많은 시간과 노력이 필요하다. 기획부터 완성까지 여러 단계를 거치게 되는데 이때 결과도 중요하지만 단계별 과정을 통해 리터러시 능력이 향상된다.

일곱째, 공동체 역량을 키울 수 있다. 제작의 목적은 만들 사람의 자기 만족도 있지만 여러 사람과 공유하면서 피드백을 통한 만족감도 크다. 이러한 만족감을 가지려면 사전에 저작권이나 초상권, 개인 사생활 보호 같은 내용의 중요성을 익히고 실천해야 한다. 다른 사람의 입장에서 생각하고 동영상을 만들어 보면서 공동체 역량을 키우게 된다.

"사랑은 두 사람이 서로 마주보는 것이 아니라 함께 같은 방향을 바라보는 것."이라고 생텍쥐페리는 이야기했다. 동영상도 마찬가지이다. 기술적으로 화려하게 보이는 것보다는 함께 같은 방향을 바라보면서 공감하고 소통하는 것이 중요하다. '교실 속 유튜브 수업'은 단순하게 동영상을 만들기 위한 활동이 아니라 다른 사람과 내 생각과 감정을 함께 공유하고 나누는 데 목적이 있다.

이 책의 구성은 유튜브 탐구생활, 유튜브 주요기능과 구조, 콘텐츠 제작, 진로교육, 민주시민교육, 독서 토론으로 구성되어 있다. 유튜브, 동영상, 디지털 리터러시의 의미에서부터 동영상 촬영, 제작, 편집, 업로드 등의 과정과 유튜브 수업을 구체적으로 어떻게 디자인하고 실행할지에 대한 고민과 경험을 담고 있다. 겉으로 보이는 동영상만 시청하는 것이 아니라 인간의 내면을 보았으면 한다. 소통하는 하나의 도구로 다른 사람들에게 긍정적인 영향력을 끼치는 활동이었으면 한다.

마지막으로 '교실 속 유튜브 수업'을 위해 애써주신 깨미동(깨끗한미디어를 위한교사운동) 선생님들, 좋은교사, 교육디자인네트워크, 한국협동학습연구회, 현장에서 학생들을 위해 헌신하신 선생님들, 늦은 시간까지 원고 작업에 응원을 보낸 준 공동 집필 가족들에게도 진심으로 감사의 말을 전합니다. 특히, 원고 작업으로 바쁜 저희들에게 사랑으로 채워 준 그분에게 감사의 말을 전합니다.

《교실 속 유튜브 수업》을 통해 아이들이 자신의 내면을 발견하고 자신의 마음과 창의적인 생각들을 긍정적으로 표현할 수 있는 기회가 되기를 바랍니다. 감사합니다.

저자들을 대표하여,

김해동

4장 ▶ 유튜브 활용 진로교육

5장 유튜브로 하는 민주시민교육

6장 유튜브 독서 토론 교육

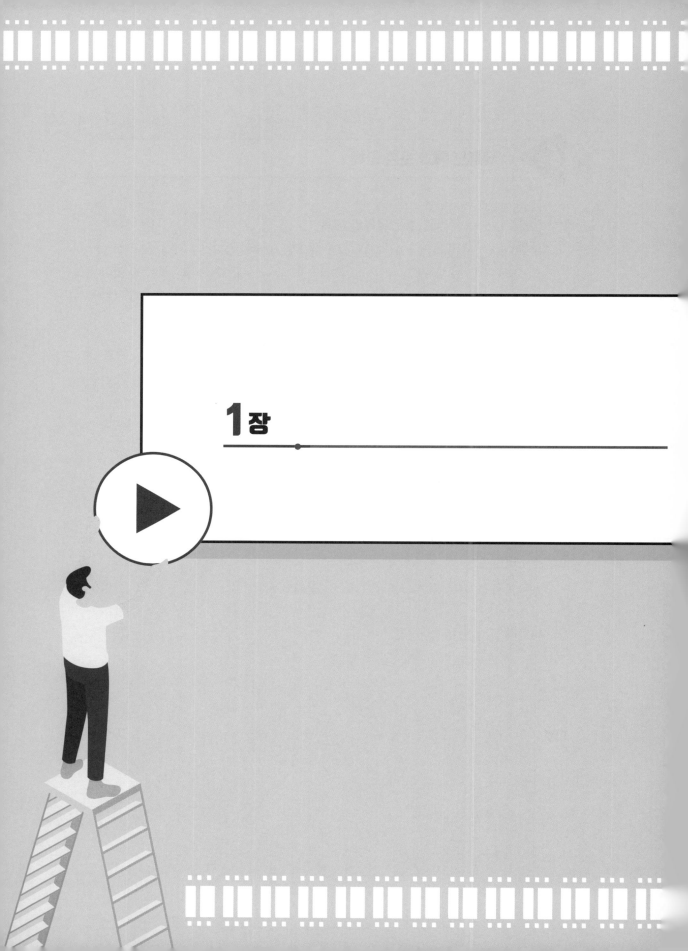

1장

유튜브
탐구 생활

 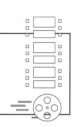

01 유튜브의 역사

'유튜브', 동영상 플랫폼 시대를 열다

한 달 이용자 수가 19억 명(2018년 기준)에 달하는 거대한 유튜브의 시작은 생각보다 작은 필요에서 생겨났다. 2005년, 유튜브의 창업자인 스티브 첸(Steve Chen)은 친구들과의 모임에서 찍은 영상을 이후에 친구들에게 일일이 전송하다가 동영상을 서로 공유하기가 쉽지 않다는 사실을 깨닫고 동영상을 쉽고 빠르게 공유할 수 있는 사이트를 만들기로 마음을 먹게 된다.

당시 전자결제 대행사인 페이팔을 퇴사한 스티브 첸은 그곳에서 만난 채드 헐리(Chad Hurley), 자웨드 카림(Jawed Karim)과 함께 창업을 했다. 채드 헐리는 디자이너로, 자웨드 카림은 엔지니어로 함께하며 필수 구성원이 긴밀하게 협력하는 실리콘밸리의 창업 방식을 따랐다.

그들은 한 달 만에 세 가지 의견 일치를 보았는데, 첫째, 누구나 동영상에 관심이 있다는 것, 둘째, 사이트는 이용하기 쉬워야 한다는 것, 셋째, 친구를 사귀는 데 도움이 되어야 한다는 것이었다. 이 세 가지 의견은 유튜브가 어마어마한 성장을 이루는 데 아주 중요한 토대가 되었다.

'유튜브(Youtube)'라는 이름은 의외로 하루 만에 뚝딱 지어졌다. 'You'는 당신을 뜻하므로 유튜브를 이용하는 모든 사람이 되고, 'Tube'는 TV를 의미한다. 즉, 모든 사람이 만들고 이용하는 TV라는 뜻도 되고, '당신의 동영상 플랫폼'이란 뜻을 나타내기도 한다.

| You(당신, 모든 사람) | + | Tube(TV) | = | Youtube(유튜브) |

'퍼나르기'로 세계인의 유튜브가 되다

유튜브의 최초 동영상은 자웨드 카림이 올린 19초짜리 동영상 〈동물원에서 나(Me at the zoo)〉이다. 코끼리 앞에서 찍은 이 영상은 별다른 촬영이나 편집 기법 없이 누구나 찍을 수 있는 영상이라는 점에서 더욱 눈길을 끈다. 그러나 그 후에 바로 유튜브에 많은 동영상이 업로드 되지는 않았다. '유튜브'라는 사이트가 사람들에게 널리 알려지지 않았기 때문이다. 유튜브 창업자들은 유튜브의 인지도를 높이기 위해 친구들을 동원해서 홍보도 하고 선물 이벤트도 해보았지만 효과가 별로 없었다.

그때 내린 중대한 결정이 '퍼나르기' 기능을 허용하는 것이었다. 그 결정이 유튜브에 지금의 명성을 가져다주었다고 해도 과언이 아니다. 이용자들이 다른 사이트에 유튜브 콘텐츠를 얼마든지 퍼나를 수 있게 함으로써 세상에 존재하는 모든 커뮤니티가 바로 유튜브를 알리는 무료 광고 수단이 된 것이다. 인터넷에서 돌아다니고 재생되는 동영상에 유튜브 마크와 링크 주소가 늘 붙어다니는 전략을 이용했기 때문이다. 결국 유튜브의 이용자 수, 이용 시간, 업로드 영상 분량, 영상 광고 수익 등에서 유튜브의 성장곡선은 가파르게 치솟았다. 지금은 유튜브를 모르면 지구인이 아니라는 이야기가 나올 정도로 유튜브는 전 세계인에게 사랑받는 사이트가 되었다.

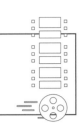

02 유튜브와 구글

구글의 유튜브 인수: 황금알을 낳는 거위가 되다

2006년 10월, 구글은 16만 5천 달러의 금액을 지불하고 유튜브를 인수했다. 구글이 인수할 당시에는 유튜브가 비영리 무료 채널이었으며 거액의 인수 비용을 거둬들일 만큼 수익에 대한 확신이 없었기 때문에 평론가들은 구글의 인수 결정에 비판적이었다.

이전까지 구글은 검색 기능으로 수집한 빅데이터를 통해 전 세계의 정보를 정리하는 것을 목표로 삼아왔는데 동영상이야말로 매우 귀중한 정보라고 여겼기 때문에 수익성이나 상업성에 관한 전망은 언급하지 않았다. 하지만 지금은 유튜브가 구글에 커다란 수익을 안겨주고 있으며 전미 동영상 광고 시장에서 광고 수익 1위를 차지하는 황금알을 낳는 거위가 되었다. 미래를 내다보는 구글의 경영철학과 의사결정에 다시금 놀라게 된다.

빨간 직사각형 가운데 하얀 재생 버튼을 보면 이제 사람들은 유튜브를 떠올린다. 유아부터 노년층까지 온 국민이, 아니 더 나아가 전 세계인이 요즘 가장 많이 또 가장 즐겨 이용하고 있는 동영상 앱이 바로 유튜브이다. 과연 구글의 어떤 전략이 통했기에 이렇듯 놀라운 결과를 가져왔을까?

빠져들 수밖에 없는 유튜브의 매력

일단 유튜브에서 동영상을 시청하는 과정은 아주 간단하다. 영상을 보기 위해 유료 결제를 하지 않아도 되고, 심지어 로그인을 하지 않아도 된다. 사이트 접속과 동시에 보고 싶은 동영상을 클릭해서 바로 볼 수 있다는 이러한 간편성은 유튜브의 커다란 매력이 아닐 수 없다. 물론 영상 시작 부분과 중간에 광고가 뜨긴 하지만 몇 초만 지나면 건너뛰기(skip)할 수 있기 때문에, 이용자는 무료라는 큰 장점에 비하면 광고 영상이 그다지 불편하다고 느끼지 않는다.

이용자의 편의성뿐만 아니라 로그인만 하면 내 스마트폰 속의 영상을 공유하는 데 몇 초밖에 걸리지 않는다는 콘텐츠 생산자(크리에이터)의 편의성 또한 장점이다. 특정한 컴퓨터 프로그램과 장비를 사용하지 않아도 인터넷이 연결된 스마트폰만 있다면 지금 바로 유튜브에 영상을 올릴 수 있고 누구나 그 영상을 볼 수도 있다. 이러한 동영상 공유의 간편성은 유튜브 초기 창업자들의 의견이 반영된 결과이다. 모든 사람들이 동영상에 관심이 있기에 누구나 이용하기 쉬운 사이트를 만들어야 한다는 것이다.

유튜브가 성공한 가장 결정적인 요인 가운데 하나는 바로 광고 수익 구조에 있다. 유튜브를 인수한 구글의 동반 성장 전략은 영상 광고 수익의 많은 부분을 크리에이터에게 돌려주며 크리에이터의 수익을 철저히 보장해주는 것이었다. 그 덕분에 더 많은 수익을 내기 위한 크리에이터들의 노력이 더해져 콘텐츠의 양과 질 두 측면에서 놀라운 성장을 이루었고, 그 노력이 사람들에게 인정을 받아 이용자 수, 이용 시간이 더불어 늘어나, 유튜브의 수익은 가파른 증가세를 보이게 된 것이다. 즉, 구글의 동반 성장 전략이자 윈윈 전략이 성공한 셈이다.

이렇듯 여러 이유로 유튜브에 모여든 전 세계 유튜브 이용자 수는 한 달에 19억 명에 달한다(2018년 기준). 유튜브 이용자가 몇 명에서 19억 명이 되기까지 불과 몇 년밖에 걸리지 않았다. 사람들은 많은 사람이 모이는 곳을 찾아가기 때문에 한번 명성을 얻기 시작하면 사람들이 더 많이 모이기 마련이다. 마치 장사가 잘되는 가게일수록 계속해서 더 많은 손님이 모여드는 것처럼, 많은 사람들이 유튜브를 이용한다는 것이 바로 사람들이 유튜브를 점점 더 찾아오게 만드는 또 다른 이유가 되는 것이다.

03 표현의 자유

표현의 자유를 강조하는 유튜브

인터넷에서 표현의 자유는 뜨거운 감자와도 같다. 표현의 자유는 인터넷의 가장 큰 장점이면서도 커다란 위험요인이 되기 때문이다. 인터넷에서 사람들은 시간과 공간의 제약을 받지 않고 자신의 생각과 의견을 마음껏 표현하고 다른 사람들과 의견을 공유한다. 유튜브 또한 마찬가지다. 어떤 영상이든 자신이 표현하고 싶은 내용을 만들고 다른 유튜브 이용자들과 공유할 수 있는 자유가 있다. 그러나 표현의 자유만 있고 책임이 뒤따르지 않으면 다른 사람에게 피해를 주는 유해 영상이나 거짓 영상이 난무할 위험이 있다.

유튜브 아시아태평양(APAC) 지역 총괄을 맡은 거텀 아난드는 2015년 한국을 방문하여 "유튜브의 성장은 표현의 자유와 다양성을 존중하는 가치를 기반으로 사용자, 크리에이터, 광고주 등 유튜브 생태계를 구성하고 있는 주체들이 유기적으로 발전할 수 있는 선순환 구조를 구축했기에 가능했다."고 말하며 표현의 자유와 다양성을 강조했다. 구글이 표현의 자유를 얼마나 강조하는지는 2009년 한국 서비스에 인터넷실명제를 실시하지 않겠다고 결정한 것만 보아도 알 수 있다.

구글이 이렇듯 표현의 자유를 강조하는 이유는 콘텐츠의 다양성과 밀접한 관계가 있기 때문이다. 만약 표현물의 내용에 대한 감시나 통제가 강하다면 표현이 허용되는 범위에서만 의견을 내고 표현하기 때문에 그만큼 다양한 콘텐츠는 나오기 어려울 것이다. 하지만 표현의 자유가 마음껏 보장된다면 자기 생각을 자유롭게 표현할 수 있고, 대중을 향해 목소리를 낼 수 있기 때문에 그만큼 콘텐츠의 다양성은 저절로 따라오는 것이다. 콘텐츠가 다양할수록 많은 사람들의 필요와 욕구를 채워줄 가능성이 높기 때문에 구글은 무엇보다 표현의 자유를 강조할 수밖에 없는 것이다.

표현의 자유만큼 다양한 이야기

과거 매스미디어 시대에는 표현의 자유가 지금보다 부족했다. 개인은 미디어에 접근하기가 쉽지 않았고 주로 언론사를 통해서만 대중을 향해 목소리를 낼 수 있었다. 매스미디어 시대에는 대형 방송국이나 미디어 제작사들이 기업의 이윤을 목적으로 콘텐츠를 제작했기 때문에 대다수 소비자에게 초점을 맞추고 사회의 주류 이야기를 소재로 다루었다. 이러한 이유 때문에 미디어 소비자들은 미디어를 통해 제3세계의 다양한 문화라든가 흑인, 장애인, 외모지상주의 반대자[1] 등 소수자의 다양한 이야기를 만나기 어려웠고 자주 접하지 못했다. 미디어를 통해서만 조금씩 접하는 만큼 소수자에 대한 편견이 대중화되었다.

그러나 지금의 1인 미디어 시대에는 저마다 개성을 살릴 수 있어 대중을 향한 표현의 주제와 형식이 자유롭고 무척이나 다양해졌다. 흑인이 운영하는 유튜브 채널을 통해 좀 더 친숙하게 느낄 수 있고, 한국에서 생활하는 흑인이 겪는 이야기를 들을 수도 있다. 장애인으로 우리 사회에 살아가면서 겪는 이야기를 진술하게 들려주는 유튜버도 있으며, 외모지상주의에 반대하며 화장하지 않은 맨얼굴을 공개하는 유튜버도 있다. 유튜브를 이용하는 19억 명의 세계인이 1분에 500시간 이상 만들어내는 양의 콘텐츠는 그 숫자만큼이나 다양한 관점과 시선을 이용자들에게 제공한다고 할 수 있다. 다양한 관점을 지니고 어떤 선입견이나 편견 없이 세상을 바라볼 수 있는 능력은 21세기에 필요한 핵심 역량일 뿐만 아니라 여러 교과에서 학습을 통해 도달하고자 하는 성취기준에도 포함되어 있을 만큼 중요하다고 할 수 있다.

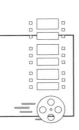

04 개인정보와 사생활 보호, 초상권 문제

표현의 자유와 책임

유튜브가 크리에이터에게 표현의 자유를 최대한 보장하고 독려하는 반면에 표현의 수위에 있어 적정 한계가 없어 지나치게 될 경우에는 타인의 개인정보를 노출시키거나 사생활을 침해할 소지가 있다. 다른 사람을 해할 목적으로 마음만 먹는다면 유튜브가 악성 루머의 근원지가 되거나 협박의 수단이 될 수도 있는 것이다. 이것마저도 표현의 자유로 봐야 한다는 의견이 있지만, 다른 사람에게 피해를 주는 만큼 엄격히 처벌해야 한다는 목소리도 높다.

국가에서는 개인정보를 법률로 보호하고 있는데, '당사자의 동의 없이 개인정보를 수집 및 활용하거나 제3자에게 제공하는 것을 금지하는' 등 개인정보 보호를 강화한 법률이 바로 '개인정보보호법'이다. 이 법은 각종 컴퓨터 범죄와 개인의 사생활 침해 등 정보화 사회의 역기능을 방지하기 위해, 기존의 '공공기관의 개인정보보호에 관한 법'을 폐지하고 새로 제정된 것이다. 이 법은 개인정보의 수집·유출·오용·남용으로부터 사생활의 비밀 등을 보호함으로써 국민의 권리와 이익을 증진하고, 나아가 개인의 존엄과 가치를 구현하기 위하여 개인정보 처리에 관한 사항을 규정함을 목적으로 한다. 여기서 개인정보란 살아 있는 개인에 관한 정보로서 성명, 주민등록번호 및 영상 등을 통하여 개인을 알아볼 수 있는 정보(해당 정보만으로는 특정 개인을 알아볼 수 없더라도 다른 정보와 쉽게 결합하여 알아볼 수 있는 것을 포함함)를 말한다.[2]

유튜브에서도 정책적으로 개인정보 침해에 대한 대응책을 가이드라인으로 제시하고 있다. 누군가가 허락 없이 내 개인정보를 게시하거나 내가 등장하는 동영상을 업로드한 경우 먼저 업로더에게 직접 연락하여 콘텐츠를 삭제해 달라고 요청한다. 업로더와 합의점을 찾을 수 없거나 업로더에게 문의하기 불편한 상황이라면 유튜브 개인정보 보호 관련 가이드[3]에 따라 콘텐츠 삭제를 요청할 수 있다. 콘텐츠 삭제 기준은 이미지 또는 음성, 이름, 금융 정보, 연락처 정보, 기타 정보 등으로 개인을 고유하게 식별할 수 있는 경우이다.

유튜브와 개인정보 침해

유튜브에서 개인정보 침해 논란은 계속해서 일어나고 있다. 유튜버 김○○ 씨가 파면 이후 구속 기소된 박근혜 전 대통령을 석방하라며 당시 윤○○ 서울중앙지검장 자택 앞에 찾아가 협박과 모욕 방송을 해 논란이 일었다. 영상에서 김씨는 윤지검장의 자택 앞에 찾아가 차량 번호를 알고 있다며 협박을 하고 욕설을 했다. 특정인의 가족과 당사자를 위협한 것도 처벌받아야 할 범죄이지만, 방송을 통해 특정인의 개인정보가 그대로 노출된 것도 심각한 문제가 된다.

미국에서는 어린이 권익 단체들과 소비자 단체들이 유튜브를 미국 연방거래위원회(FTC)에 고발했다. 유튜브가 스트리밍 동영상 서비스를 이용하는 어린이들의 데이터를 부적절하게 수집하여 '아동 온라인 사생활 보호법(이하 아동 보호법)'을 위반했다는 것이다. 이 법은 인터넷 기업이 13세 미만 어린이의 개인정보를 부모 동의 없이 수집할 수 없도록 하고 있다. 유튜브는 사용자의 IP 주소, 검색 기록, 위치 등 개인정보를 추적해 사용자의 관심사를 파악한 뒤 이 정보를 광고주들에게 판매하는 방식으로 수익을 올리고 있다. 유튜브는 아동 보호법을 준수하기 위해 13세 미만 아동이 부모 동의 없이 계정을 만들 수 없도록 하고 있다. 그러나 계정에 로그인하지 않은 어린이가 부모의 감독 없이 동영상에 접속하는 것을 차단할 수단은 없다.

유튜브와 사생활 침해

여러 가지 논란에도 유튜브 측은 별다른 조치를 내놓지 않고 있다. 유튜브에 올라오는 영상이 너무 많아서 부적절한 콘텐츠를 관리하기 어렵다는 것이 구글코리아 측의 입장이다. 그러나 표현의 자유를 넘어서 폭행이나 위협, 타인의 권리를 직접적으로 침해하는 수위를 넘어간다면 처벌하는 것이 마땅하며 동영상 게시물 삭제 요청에 미온적으로 대처해서는 안 될 것이다.

사생활 침해 문제는 일반인이 찍은 셀프 동영상이나 몰카(몰래 카메라) 영상이 붐을 일으키며 더욱 심각해졌다. 유튜브에는 주로 아이들이 '엄마 몰카'라는 제목으로 올린 동영상이 많이 있다. 엄마를 향해 위협적으로 장난감 총을 쏜 뒤, 엄마가 놀라는 모습을 보여준다거나 자는 엄마를 몰래 찍어 올린다. 엄마의 속옷을 촬영한 뒤 공유하는 아이들도 있다. 많은 아이들은 단순히 또래 아이들에게 인기를 끌기 위해 이런 동영상을 만든다. 문제는 동영상에 등장하는 사람이 사생활 침해 사실을 알지 못해 제대로 대응을 할 수 없다는 것이다. 또한 브이로그(VLOG)라고 불리는 콘텐츠로 초등학생부터 대학생, 직장인에 이르기까지 자신의 일상을 촬영해 영상으로 기록하는 동영상을 올리는 사람들이 늘어나면서 초상권 문제가 제기되고 있다. 콘텐츠의 특성상 사람이 많은 장소에서 촬영하게 되는데 출연 의사가 없는 일반인의 얼굴이 그대로 노출되기 때문이다. 영상을 제작하는 당사자가 문제점을 인식하고 편집에 주의를 기울여 모자이크 처리 등을 해야 한다. 유튜브에서는 영상을 올릴 때 자동으로 얼굴을 흐리게 해주는 기능을 제공하고 있다.

05 저작권 문제

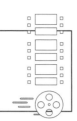

유튜브의 저작권 보호 정책

유튜브 초기에 창업자였던 스티브 첸은 계속해서 제기되는 저작권 문제에 대해 "수없이 쏟아져 나오는 영상을 일일이 다 확인할 수는 없으며 기술로 해결해야 한다."고 말했다. 그가 말한 기술은, 미리 콘텐츠 제공자와 협력한 후 라이브러리에 그들의 콘텐츠를 저장한 상태에서 새로운 영상이 업로드 되면 저장된 콘텐츠와 비교하고, 동일한 영상이 있다면 누가 저작권을 갖고 있는지 확인하는 것이다. 그리고 저작권자 스스로 그 영상을 바로 내릴지, 광고 수입을 공유할지 결정하게 된다.

2018년 6월 유튜브를 뜨겁게 달군 이른바 저작권 대란 사태가 일어나면서 많은 유튜버가 불안감에 떨었다. 많은 유튜버들이 타인의 저작권을 침해했다는 이유로 유튜브 측으로부터 수익 창출 정지 혹은 경고 조치를 받았기 때문이다. 유튜브는 예전부터 저작권 공정이용과 관련하여 규제를 해왔다. 하지만 과거에는 개별 영상에 대해 공정이용 여부를 판단했다면, 현재는 공정이용 위반 시 채널 전체에 수익 창출을 금지하는 것으로 변경한 것이다.

또 개인 방송에서 '영화와 게임 같은 리뷰 영상'을 이용한 수익 서비스를 차단했다. 개인이 동영상으로 수익을 내려면 영상 제작자가 동영상에 광고를 붙여 '수익 창출'을 신청하고, 이를 유튜브가 적합한 콘텐츠인지 검토한 뒤 허가를 내준다. 이때 저작권이 없는 콘텐츠는 허가를 내지 않거나 취소하는데, 유튜브는 이를 엄격하게 적용한다는 방침을 가지고 있다. 그리고 수익 창출 금지를 선고한 후 구체적으로 어떤 부분에서 저작권법을 위반한 것인지 피드백을 주지 않아서 저작권과 지식재산에 대해 인식이 부족한 이용자들은 유튜브 이용에 어려움을 겪는다.

또한 구독자 수 70만인 크리에이터 '최고기' 채널이 삭제되면서 유튜브의 저작권 정책에 대해 이용자들이 불만을 갖게 되었다. 2018년 9월 27일, 최고기는 저작권법 위반으로 유튜브 측으로부터 영구 정지 통보를 받았다. 이유인즉슨 유튜브 정책상 저작권 경고 3번이면 채널이 삭제되는데, 당시 최고기는 〈도라에몽: 노비타의 바이오 하자드〉 플레이 영상 때문에 저작권 경고를 14번이나 받았기 때문이다. 물론 이것이 저작권 남용이라는 해석도 있다.

크리에이터가 지켜야 할 3원칙

그럼 어떤 것은 저작권이 허용되고 어떤 것은 허용되지 않을까? 저작권 침해 여부를 일반인이 알기란 쉽지 않다. 크리에이터라면 지켜야 할 동영상 저작권 원칙에는 세 가지가 있다.

첫째, 다른 사람이 만든 콘텐츠를 이용할 때는 허락받고 사용한다. 허락받지 못한 콘텐츠는 사용하지 않는 것을 원칙으로 한다. 둘째, 저작권이 자유롭거나 특정 조건을 충족하면 이용할 수 있는 콘텐츠를 사용한다. 셋째, 공정이용처럼 저작권 허락 없이 쓸 수 있는 상황인지 확인하고 사용한다.

한국저작권위원회가 올해 제작한 〈사례로 알아보는 창작자와 이용자를 위한 저작권 안내서〉를 참고하고 특수 사례는 위원회 상담 사례나 상담 센터를 이용한다. 이 가운데 첫째 원칙은 특별한 설명이 필요하지 않을 것이므로 나머지 원칙들에 대해 더 상세히 알아보자.

둘째 원칙에는 CCL(Creative Commons License) 활용이 있다. CCL은 저작자가 자신의 저작물을 다른 사람이 특정 조건에서 자유롭게 사용할 수 있도록 표시한 로고다. 보통 저작자 표시, 비영리, 변경 금지, 동일 조건 변경 허락 같은 조건을 결합해 표시한다. 또 다른 방법으로는 정부나 공공기관 같은 곳에서 공유하는 공익 목적의 콘텐츠, 즉 공공저작물을 활용하는 것이다. 보통 이런 곳은 정치적이거나 상업적 이용이 아닐 때는 자유롭게 이용을 허락하는 편이다.

셋째 원칙인 공정이용은 교육이나 연구·비평 목적 인용, 개인 사용 복제, 패러디 같은 이유로 저작권자 허락 없이도 콘텐츠를 사용할 수 있도록 저작권법이 허용하는 경우다. 하지만 공정이용도 해석에 따라 달라질 수 있어서 불확실할 때는 저작권위원회 저작권 상담 센터를 찾는 것이 바람직하다.

저작권을 침해하지 않는 동영상을 만드는 것도 중요하지만, 자기가 만든 동영상이 다른 사람에 의해 저작권을 침해받지 않도록 하는 것도 중요하다. 누군가가 자신이 만든 동영상에 대해 저작권을 침해했다면 바로 신고하는 것이 필요하다. 한국저작권위원회 상담 센터에서 저작권 침해 여부를 확인받고, 침해가 확실하면 해당 동영상이 게시된 사이트에 동영상 서비스 중단과 삭제를 요청하거나 한국저작권보호원으로 신고할 수 있다.[4]

크리에이터라면 반드시 유튜브 저작권 정책을 준수하며 영상을 만들어야 하겠다. 우선 음원 하나하나의 저작권을 유심히 살펴보는 것이 가장 중요하다. 어디든 음악을 사용할 수 있지만 출처를 표시하라는 음원이 있을 수 있고, 음악을 사용해도 좋지만 수익 창출은 금지한다는 음원도 있다. 그리고 저작물의 소유권은 창작자(아티스트)에게 있기 때문에 창작자 마음대로 조건을 정할 수 있다. 어떠한 영상물을 이용할 때에도 영상을 만든 아티스트에게 꼭 문의 메일을 넣어 사용을 해도 되는지 또 이 영상으로 수익을 내도되는지를 알아봐야 한다.

저작권과 관련해서 떠도는 말 중에 "해도 되는지 안 되는지 모를 때는 하지 말라."는 말이 있다. 다른 사람이 제작한 저작물을 내 영상에 넣어도 되는지 헷갈릴 때에는 우선 보류하라는 뜻이다. 특히 폰트를 사용할 때 이 말을 기억해야 한다. 인터넷에 돌아다니는 폰트들은 출처가 불분명한 경우가 많기 때문이다.

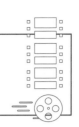

06 가짜 뉴스

그럴싸한 허위 정보

유튜브가 일상화되기 전에 속칭 '카더라' 통신이라고 하는, 근거 없는 유언비어가 카톡이나 SNS를 통해 퍼지곤 했다. 카톡이나 SNS를 통해 주고받는 정보는 어느 정도 친밀한 관계가 형성된 상태에서 이루어지기 때문에 정보에 대한 신뢰도가 더 높다. 유튜브도 마찬가지다. 유튜버에 대해 심리적으로 가깝게 느끼기 때문에 영상을 통해 전달되는 메시지의 진위 여부를 바로 믿게 되는 경향이 있다. 평소 자신이 좋아하는 유명한 유튜버라든지, 말솜씨가 좋아서 설득을 잘하는 경우라면, 허위 정보를 사실로 받아들일 확률이 높다. 또한 영상 형식이 자유롭기에 방송의 뉴스 전달 형식처럼 제작하면 노년층 등에서는 정식으로 등록된 언론 방송으로 오인하는 경우도 있다.

요즘에는 정치적인 목적의 가짜뉴스가 유튜브에 급증하여 문제가 되고 있다. 가짜뉴스는 인터넷을 중심으로 주로 유튜브에서 생산, 유통되며 사실과는 다른 내용의 콘텐츠를 담는다. 성인 10명 중 6명은 가짜뉴스를 본 적이 있으며, 가짜뉴스를 주로 접하는 경로는 유튜브 등 온라인 동영상 사이트가 가장 많았다.[5] 정부 여당의 허위조작정보 대책 특별위원회는 구글코리아를 방문해 명예훼손 등 위법 소지가 있는 104개의 콘텐츠를 모아 가이드라인에 위배되는 내용을 삭제해달라고 요청했으나 구글코리아는 자사의 가이드라인을 위반하지 않았다며 삭제 요청을 거부했다. 특위는 "유튜브에 존재하는 허위조작 콘텐츠로 인해 발생하는 개인적·사회적 폐해를 외면하는 것과 같은 대응에 강한 유감을 표한다."며 받아들이기 어렵다는 입장을 냈다.[6]

자율 규제, 미디어 리터러시 교육

민간 차원에서 가짜뉴스를 자율적으로 규제하고 있는 미국은 예를 들어 누군가 페이스북에 가짜뉴스(fake news)를 올리면 그 아래에 팩트 체크가 된 기사들이 자동적으로 따라 붙는다. 미국은 이용자 스스로 가짜뉴스 여부를 판단할 수 있는 능력을 기르도록 학교 교육과정에 미디어 리터러시 교육을 1920년대부터 일찍이 도입해왔다.

미디어 리터러시란 모든 종류의 의사소통 수단을 기반으로 접근, 분석, 평가, 창조, 그리고 행동하는 능력'이라고 미국 미디어 리터러시 협회는 말한다. 영국·미국·캐나다·네덜란드 등 선진국은 이미 오래전부터 미디어 리터러시 교육을 꾸준히 해왔으며 빠르게 변화하는 미디어 환경에 발맞추고 있다. 핀란드에서는 1970년부터 '기사 읽고 뉴스 만들어보기'와 같은 교과목을 가르쳤으며 현재는 초등학교 3학년 때부터 정규 교과목의 하나로 미디어 리터러시 교육을 가르치고 있다. 도서관에서 필요한 자료를 스스로 찾아 글로 표현하고 말하며 생각을 나누는 교육으로 시작하여, 고학년이 되면 같은 사건을 두고 여러 관점으로 보도한 기사를 찾아 비교하고 토론하는 활동을 한다. 여러 경로를 통해 해당 내용의 진위를 확인해 나가는 과정을 거치다 보면 비판적인 시각이 길러진다. 핀란드에서는 신문사와 방송사도 미디어 리터러시 교육을 적극적으로 지원하고 있다. 핀란드 교육 전문가들은 뉴스를 직접 제작해보는 경험을 거친 학생들이 그렇지 않은 학생들에 비해 가짜뉴스와 진짜 뉴스를 잘 구분할 수 있을 것으로 확신한다.

우리나라도 미디어 리터러시 교육이 절실히 필요하다. 특히 허위 정보를 가려낼 수 있는 비판적 사고 능력을 기르기 위해서는 온라인에서 접하는 정보가 진짜인지 가짜인지 구별하는 방법을 친구들과 함께 찾고 직접 실천하는 수업이 이루어져야 할 것이다. 학생들에게도 온라인 영상 등을 통해 접한 정보의 진위 여부를 가릴 수 있는 기준이 필요하다. 그래야 똑똑한 미디어 소비자로 성장할 수 있고 공정하고 행복한 미래 사회를 이룰 수 있다.

07 Z세대와 C세대

유튜브처럼 1인 미디어가 보편화되고 각광을 받게 된 데에는 Z세대의 기여를 빼놓을 수 없다. Z세대는 1995년에서 2009년 사이에 태어난 세대로 스마트폰에 익숙하며 모바일을 통해 세상과 접속하는 세대이다. 문자보다 영상에 더 익숙하며 적극적인 소통을 중시하는 Z세대는 모바일 네이티브 세대로도 불린다. 모바일 네이티브 세대는 기성세대와 달리 기존 환경이나 사회적 기준 보다는 개인의 필요에 중심을 두며 자신만의 삶의 방식을 찾으려는 경향이 강하다. 기성세대가 일방적인 미디어 소비 경향을 보였다면 Z세대는 미디어를 소비함과 동시에 끊임없이 재생산하고 적극적으로 소통하며 참여한다.

한편 구글은 미디어 변화와 관련한 행동양식을 지니고 인터넷과 유튜브를 자유롭게 활용하는 세대를 C세대(Gen C)라고 이름 붙였다. C세대는 35세 이하가 85%를 차지하며 인터넷을 오락의 주된 수단으로 삼고 TV보다 온라인 비디오 시청을 더 선호하는 특징을 지닌다. C세대는 특이하게도 나이로 규정되지 않고 다음 네 가지 C의 유무에 의해 규정된다. 첫째, 언제 어디서나 콘텐츠를 생산(Creation)할 수 있다. 둘째, 사람들과 실시간으로 콘텐츠를 공유하기 때문에 언제나 인터넷과 연결(Connection)되어 있다. 셋째, 온라인 공동체(Community) 활동에 적극적으로 참여하고 소통한다. 넷째, 필요한 콘텐츠를 선별하고 재구성(Curation)할 수 있다.

이러한 Z세대와 C세대의 미디어 사용 특성은 소비자에서 생산자로 거듭나는 쌍방향 커뮤니케이션으로 미디어의 발달 과정과도 맥락을 같이한다. 다시말해 이제는 미디어 소비자 누구나 생산자가 될 수 있는 시대가 된 것이다. 따라서 지금 더욱 필요한 것은 개개인이 정보를 제대로 판단하고 이용하며 올바른 가치관과 철학을 가지고 콘텐츠를 생산해내는 미디어 리터러시 능력이다. 이러한 능력을 지닌 사람이 많아질수록 사람들을 행복하게 해주는 양질의 콘텐츠가 늘어나고 이 세상은 더 좋은 세상으로 변화할 수 있다.

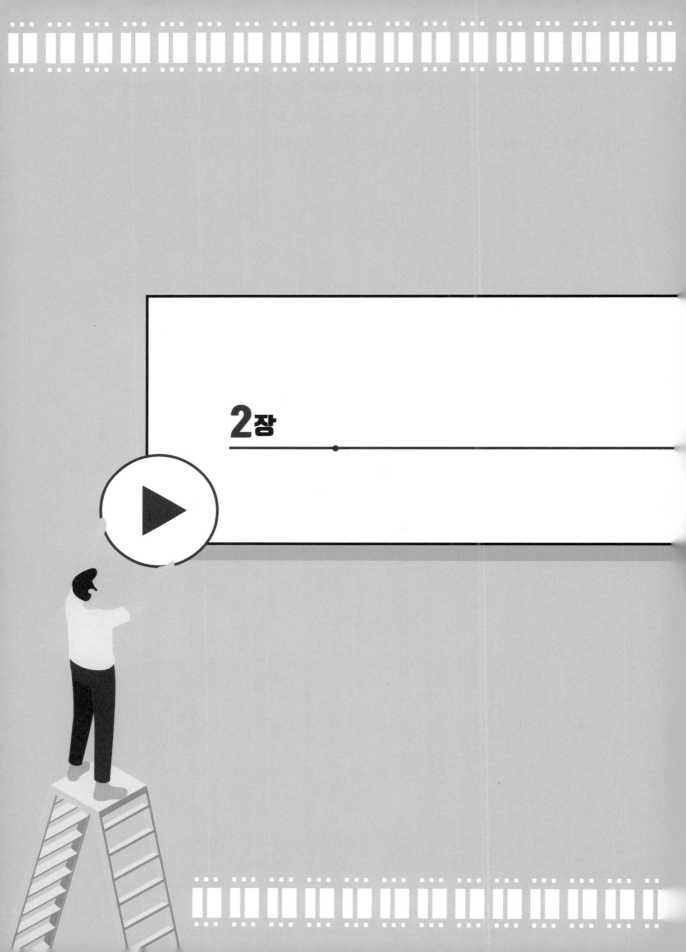

2장

유튜브
시작하기

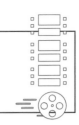

01 유튜브 계정 사용 방법

유튜버가 되려면 구글 계정이 필요하다

책을 살 때 직접 방문하거나 스마트폰 앱을 사용한다. 결과는 같지만 절차는 다르다. 오프라인에서 책을 살 때는 직접 매장을 방문하여 결제해야 한다. 온라인에서는 앱을 설치해야 되고 기본 정보를 입력해야 비로소 책을 살 수 있다. 개인정보는 순차적으로 저장되고 정리된다. 자연인이 아니라 숫자와 디지털 신호로 개인이 식별되는 것이다. 사이버 공간에 들어서는 순간 디지털 신호가 나를 대신한다. 온라인 서비스를 이용하기 위해서 사용자가 자신의 계정을 만들려면 운영자로부터 허락, 즉 인증을 받아야 한다.

마찬가지로 구글 계정이 하나 있어야만 구글에서 제공하는 클라우드 서비스, 사진, 이메일, 캘린더, 지도, 유튜브를 이용할 수 있다. 구글 계정(Google Account)은 구글의 모든 온라인 서비스에 접근 인증과 허가를 제공하는 사용자 계정이다. 물론 검색, 유튜브, 도서, 파이낸스, 지도 등을 포함하여 모든 구글 서비스 기능 이용에 구글 계정이 필요한 것은 아니다. 다만 구글 계정은 지메일, 캘린더, 블로거 등에서는 필수이며, 유튜브 등에서 기능을 완전히 사용하기 위해서는 반드시 필요하다. 계정이 없어도 유튜브 동영상을 시청할 수 있지만 '좋아요', '구독', 댓글 달기, 저장, 동영상 업로드 등 여러 기능은 사용할 수 없다.

안드로이드폰 사용자는 스마트폰을 개통할 때 구글 계정을 생성하고 플레이 스토어에서 기본 앱을 설치한다. 구글 계정을 가지고 있는 상태지만 자주 사용하지 않으면 아이디와 비밀번호를 기억하기 어렵다. 유튜브 앱은 스마트폰에 기본으로 설치되어 있고 자동으로 로그인된 상태라서 괜찮지만, 변경하거나 다른 서비스를 이용할 때, PC나 태블릿에서 로그인할 때는 아이디와 비밀번호가 필요하다. 아이폰에서는 기본으로 설치된 앱이 아니기 때문에 구글 계정을 생성한 다음 유튜브 앱을 설치해야만 사용할 수 있다.

구글 계정 만들고 유튜브로 로그인하기

구글 홈페이지(https://www.google.co.kr)에 접속하면 가장 오른쪽 맨 위에 다음과 같이 로그인 기능이 있다.

구글 계정 로그인

로그인을 클릭하면, 새로운 창이 열리고 이메일 계정을 입력하라는 안내가 나온다. 이 창 가장 아래를 보면, '계정 만들기'가 있다. 구글 계정이 없는 사람은 '계정 만들기'를 클릭해야 한다. 그러면, 구글 계정 만들기가 나오는데, 계정 생성에 필수적인 개인정보, 비밀번호를 입력한다.

Google

로그인

Google 계정 사용

이메일 또는 휴대전화

이메일을 잊으셨나요?

내 컴퓨터가 아닌가요? 게스트 모드를 사용하여 비공개로 로그인하세요. 자세히 알아보기

계정 만들기   다음

'로그인'창이 뜨면 '계정 만들기'를 클릭한다.

Google

Google 계정 만들기

성   이름

사용자 이름   @gmail.com

문자, 숫자, 마침표를 사용할 수 있습니다
대신 현재 이메일 주소 사용

비밀번호   확인   👁

문자, 숫자, 기호를 조합하여 8자 이상을 사용하세요

대신 로그인하기   다음

계정 생성에 필수적인 정보를 입력한다.

구글 계정으로 로그인 했다면 유튜브에도 로그인 된 것이다. 기존 계정이 있는 경우는 가입할 때 등록한 이메일과 전화번호를 확인한 다음 비밀번호를 다시 설정한다. 이것도 기억이 잘 나지 않는다면 처음부터 다시 만들어서 사용하는 것이 시간을 절약하는 방법이다. 구글을 편리하게 사용하기 위해서는 크롬 브라우저를 권장한다. 크롬 브라우저가 없는 경우 브라우저를 설치한 다음 크롬에서 계정을 생성한다.

크롬은 구글에서 개발한 웹브라우저로 스마트폰에서도 사용 가능하다. 다른 웹브라우저 검색을 통해 구글 홈페이지로 이동하면 크롬을 설치할 수 있도록 안내하는 문구가 나온다. 크롬 다운로드 아이콘을 클릭하면, PC 사양이나 OS 프로그램에 따라 다운로드와 설치가 자동으로 진행된다. 윈도우 운영체제에서 크롬을 기본 브라우저로 사용해야 한다면, 시작→설정→기본 앱→웹브라우저→크롬을 선택해서 변경할 수 있다.

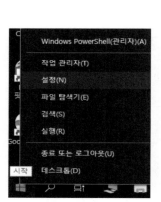
윈도우 설정 선택

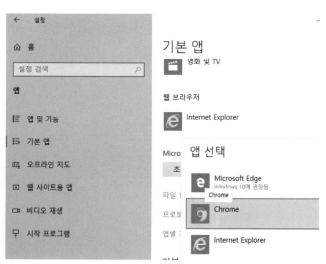
기본 앱 선택 클릭하고 웹 브라우저에서 크롬 선택

수업 자료나 강의 자료에 유튜브 영상을 활용하는 경우가 종종 있다. 파워포인트 문서에 유튜브 영상을 연결할 때는 웹브라우저 기본 설정이 중요하다. 인터넷 익스플로러에서 유튜브를 실행하면 링크가 연결되지 않거나 열리더라도 화면이 절반만 재생되는 경우가 있어서 사전 확인이 필요하다. 이런 경우 크롬을 기본으로 설정하면 문제가 없다.

02 채널 설정:
채널 맞춤설정과 유튜브 스튜디오(베타)

채널 입장

계정 아이콘→구글 앱→유튜브→내 채널을 차례대로 클릭한다.

구글 앱   채널 선택

구글에 로그인한 다음 구글 앱을 선택해서 유튜브로 이동을 하면 '내 채널'이
생성된 것을 확인할 수 있다. 채널에 입장하면 기본 화면을 만난다. 활성화된
창에는 '채널 맞춤설정'과 '유튜브 스튜디오(베타)' 버튼이 있다.

첫 화면

채널 맞춤설정은 환경에 대한 부분으로 개인정보와 레이아웃을 설정할 수 있으며, 유튜브 스튜디오(베타)는 동영상 콘텐츠와 관련된 기능을 다룬다.

채널 아트와 이미지

채널에서 가장 먼저 할 수 있는 일은 채널 아트 이미지와 계정 프로필 이미지를 등록하는 것이다. 채널 아트는 채널을 방문했을 때 가장 먼저 보이는 화면으로 PC, 스마트폰에서 맨 위에 나오는 배경 이미지다. 채널 아트의 경우 직접 제작해서 등록하는 방법과 기본적으로 제공하는 템플릿을 사용하는 방법이 있다. 시작 단계에서는 채널 아트 추가→갤러리 기본 템플릿을 사용하자. 채널 아트 제작 방법은 다음 장에서 구체적으로 다루도록 한다. 프로필 이미지는 본인 사진이나 이모티콘을 제작해서 올릴 수 있다.

채널 맞춤설정

채널 설정

개인정보 보호
내가 좋아요 표시한 동영상 모두 비공개
내 구독정보 모두 비공개
내가 저장한 재생목록 모두 비공개

계정 설정에서 추가 옵션을 사용할 수 있습니다.

채널 레이아웃 맞춤설정
동영상을 정기적으로 업로드하는 사용자에게 추천합니다. 채널 예고편을 추가하고, 구독자에게 콘텐츠를 추천하고, 모든 동영상과 재생목록을 섹션별로 정리할 수 있습니다.

계정 설정에서 고급 옵션을 사용할 수 있습니다.

토론 탭 표시
팬이 채널에 댓글을 달 수 있도록 허용합니다.
자동으로 표시

선택 톱니　　　　　　　　　　　　　　　채널 설정

채널 맞춤설정→톱니바퀴 아이콘→채널설정을 순서대로 클릭하면, 개인정보 보호와 채널 레이아웃 맞춤설정에 대한 내용을 마우스로 선택할 수 있다. 개인정보란 채널 안에서 나의 활동을 공개할 것인가를 결정하는 것이며 채널 레이아웃에서는 채널 구성에 대한 내용을 선택하는 것이다. 이밖에도 토론과 정보 번역을 설정한다. 채널 맞춤설정이 끝나면 메뉴 화면이 나타난다.

유튜브 스튜디오(베타)

스튜디오(베타)는 콘텐츠와 관련된 설정이다. 크리에이터의 상태 관리, 채널의 성장, 시청자와의 소통, 수익 창출 등 크리에이터가 관심을 기울일 만한 모든 정보를 제공한다.

대시보드는 자신과 관련이 있거나 자신의 관심이 있는 항목을 모아서 볼 수 있다. 페이지에 표시할 미니 프로그램 형태의 위젯을 선택할 수 있으며, 경우에 따라 각 구성 유형에 무엇을 표시할지 맞춤 설정한다.

동영상은 업로드한 영상과 실시간 스트리밍에 대한 정보를 제공한다. 메뉴

유튜브 스튜디오(베타) 화면

새로운 YouTube 스튜디오 살펴보기

YouTube 스튜디오는 크리에이터를 위한 공간입니다. 맞춤설정된 통계를 확인하고, 최신 소식을 파악하며, 채널 관리 및 성장을 위한 새로운 방법을 찾아볼 수 있습니다. 새로운 YouTube 스튜디오의 동영상 둘러보기를 시청하세요.

확인

스튜디오 베타 튜토리얼

에는 이밖에도 수익 창출, 번역, 댓글 등 여러 기능이 있다. 유튜브 스튜디오 (베타)는 '크리에이터 스튜디오(베타)'의 차기 버전으로 현재는 상호 보완적인 구조를 가지고 있다. '크리에이터 스튜디오(베타)'에서 제공되는 상태 및 기능 에서는 저작권, 커뮤니티 상태, 수익 창출, 슈퍼챗을 확인할 수 있다.

03 채널 구성

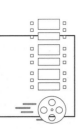

메뉴 소개

기본 채널

채널 맞춤설정이 완성되면 메뉴가 보인다. 메뉴는 홈, 동영상, 재생목록, 채널, 토론, 정보, 검색으로 구분되어 있다. '홈'은 유튜브 홈페이지로 이동하는 아이콘이다. 다른 곳에 있어도 홈 버튼을 누르면 홈페이지로 되돌아온다. '동영상'은 업로드한 동영상을 확인할 수 있으며 '좋아요'를 표시한 동영상 확인이 가능하다. '재생목록'은 동영상을 주제에 따라 분류하여 목록화한 곳이다. 본인의 콘텐츠 외에도 다른 사람이 만든 콘텐츠도 목록에 올릴 수 있다.

외부 자료를 등록하는 과정을 살펴보자.

재생목록

재생목록→새 재생목록→재생목록 순서대로 클릭하고 제목 창에 예를 들어 '테스트'라고 입력하면 새로운 재생목록이 만들어진다. 생성된 재생목록 '테스트' 버튼을 누르면 '동영상 추가' 창이 열린다. 여기에 추가하고 싶은 동영상을 입력할 수 있다. 재생목록은 동영상을 분류해서 폴더처럼 저장하는 곳이다. 자신의 동영상 외에도 다른 사람이 올린 동영상을 끌어다 함께 정리할 수도 있다.

재생목록 생성

'채널'에서는 구독정보를 알 수 있으며 구독을 취소하거나 알림 설정이 가능하다. '토론'은 크리에이터가 채널을 생성하면 다른 사용자가 의견을 제시할 수 있는 소통의 공간이다. '정보'에는 채널에 대한 설명을 입력할 수 있으며, 이메일, 장소를 세부 정보로 넣을 수 있다. 이것은 채널을 방문하는 다른 사용자들에게 크리에이터와 연결될 수 있는 정보가 된다. 또한 블로그나 맞춤링크를 연결할 수 있다. 홍보 수단, 텍스트 자료 제공, SNS와 연결 기능을 한다. 마지막 돋보기 아이콘 검색 창은 채널 내에서 정보를 검색하는 기능을 한다. 동영상이 많은 경우 검색 기능이 반드시 필요하다.

브랜드 계정 구분

채널은 개인 계정뿐만 아니라 브랜드 계정(부계정)을 통해서도 가능하다. 개인 계정은 가입과 동시에 자동으로 생성되는 공간으로 나만의 공간 개념이다. 개인 계정에 영상을 업로드할 수 있지만 한 채널에 모든 것을 담아두게 되면

	개인 계정	브랜드 계정
변경	채널명을 성과 이름으로 설정 구글 개인 정보 활용 수정 변경 2주 후에 90일 단위 최대3회	자유롭게 수정, 변경 가능 수시로 채널 개설, 삭제 가능
운영	개인만 가능	공동운영
콘텐츠	개인콘텐츠	공개콘텐츠
확장성	불가능	가능
구조	단독	복수

시네마수업
Google 계정 관리

내 채널

유료 멤버십

YouTube 스튜디오(베타)

계정 전환 >

로그아웃

어두운 테마: 사용 안함 >

언어: 한국어 >

설정

계정 목록

계정

알림

재생 및 실적

개인정보 보호

연결된 계정

TV로 시청하기

결제 & 지불

고급 설정

설정창

YouTube에서 내 모습이 보세요

내 YouTube 채널

내 채널

내 계정
추가 기능 보기
내 모든 채널 보기 또는 새 채널 만들기

정리가 어렵게 된다. 또 계정이 삭제되거나 문제가 생겼을 때 대처할 수 있는 방법이 없다. 그래서 브랜드 계정을 개설하는 것이 좋다. 예를 들어 개인 계정 1개(개인 정보), 수업 자료 계정 1개(브랜드 계정-개인 운영) 교원학습공동체 계정 1개(브랜드 계정-공동 운영)으로 구분해서 운영이 가능하다. 그러므로 계정을 개설할 때부터 개인 계정과 브랜드 계정을 나눠서 운영하는 것을 권장한다.

유튜브에 로그인한 상태에서 계정 아이콘을 클릭하면 창이 열린다. 설정→계정→나의 모든 채널 보기 또는 채널 만들기→채널 만들기→브랜드 계정 이름 만들기 순서로 진행한다.

이름 만들기

새 채널 만들기

계정 아이콘→설정→계정→내모든 채널 보기 또는 새 채널 만들기→새 채널 만들기를 클릭한다.

브랜드 계정 이름을 만들 때는 채널을 알리기 쉽게 그리고 단순하면서도 한눈에 알 수 있도록 한다. 처음 만난 사람이라도 이름이 특이하거나 재미있는 가게 이름은 오랫동안 기억한다. 마찬가지로 채널 이름을 정할 때 검색이나 기억하기 쉬운 것이 좋다.

채널명을 만들 때는 몇 가지를 고려해 보자.

첫째, 영어와 한글을 함께 사용한다. 사용자가 많기 때문에 비슷한 의미로 영어를 혼용하는 경우가 있다. 쉽게 접근할 수 있는 것으로 영어 이름과 한글 이름이 잇달아 나오는 것이 좋다. 채널을 소개할 때는 소개 글과 내용을 구체적으로 적어 놓는다. 이름을 변경할 수 있으나 일단 구독자나 조회 수가 늘어나면 바꾸기 어렵기 때문에 처음부터 신중하게 만들 필요가 있다.

둘째, 포털 검색어를 활용한다. 포털 검색어 중 상위에 링크되는 내용은 사람들의 관심도가 높은 것이다. 따라서 브랜드 계정을 만들 때도 검색어를 참고하면 채널을 알리는 데 도움이 된다.

셋째, 가능하면 짧게 만든다. 길면 기억하기 어렵다. 내가 의미를 부여하는 것보다 방문자의 접근성을 고려해야 한다. 꼭 긴 제목을 사용해야 한다면 줄임말을 활용하자.

 **04 플랫폼 활용**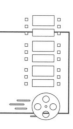

유튜브 채널에는 여러 가지 메뉴가 있다. 오른쪽 상단의 메뉴를 활용하자.

메뉴

동영상

동영상 업로드와 실시간 스트리밍이 가능하다. 동영상 업로드로 채널에 동영상을 올릴 수 있다. 주의할 점은 정보 공개 범위를 사전에 설정하는 것이며 파일을 올리는 것이다. 단 채널에 같은 파일이 있는 경우 등록이 거절된다.

▶ 동영상 업로드

((•)) 실시간 스트리밍 시작

동영상 또는 게시물

이는 스마트폰에서도 마찬가지다. 파일을 올리면 설명과 #태그를 달 수 있다. 설명 창에는 동영상을 알기 쉽게 요약해서 올리며 태그는 ',' 쉼표로 키워드를 등록한다. 키워드를 많이 등록할수록 검색에 유리하다. 파일을 올릴 때 썸네일도 함께 등록한다. 파일을 올릴 때 기본 정보와 번역 환경을 설정할 수 있다.

실시간 스트리밍은 PC에서는 제한 없이 가능하지만 스마트폰에서는 일정 자격(구독자 1000명 이상)이 있어야 하기 때문에 '카메라파이라이브'와 같은 앱을 연결해서 사용한다. 실시간 스트리밍 방송을 하기 전에 방송 정보, 공개 범위, 채팅, 연령, 종류 설정을 한 다음 송출한다.

유튜브 앱

유튜브 앱에서는 다양한 콘텐츠를 지원한다. TV부터 알림까지 여러 기능이 있다. 유튜브TV는 유료 방송으로 수십 개의 채널을 소개하고 있다. 별도의 테이블을 연결하지 않고 사용할 수 있지만 아직까지 우리나라 채널은 없다. 음악의 경우 장르, 가수, 상황, 순위 등 여러 방식으로 분류를 해 놓았기 때문에 선택의 폭이 넓다.

유튜브 앱

유튜브 Kids는 8세 이하의 어린이를 위한 전문 채널로 자녀 이름으로 로그인이 가능하다. 여기에서는 부적절한 동영상을 필터링할 수 있도록 설계되어 있으며 아동용 동영상이 제공된다. 또 자녀 보호기능 설정에서는 비밀번호, 타이머 설정, 검색 제한을 설정해서 자녀가 안전하게 활용할 수 있는 환경을 제공한다.

크리에이터 아카데미는 유튜브에 대한 이해와 실제 전반을 다루는 과정이다. 유튜브에 대해 체계적으로 알아보고 싶다면 아카데미 과정에 참여하면 된다. 학습자를 고려해서 수준별로 제공되며 학습 진행 상황도 표시가 되기 때문에 맞춤형 교육과정이라 할 수 있다.

유튜브 for Artists는 주로 음악과 관련된 내용이다. 유튜브 for Artists에서는 아티스트가 채널을 직접 운영하며 팬들과 소통할 수 있는 곳으로 다양한 정보를 제공한다. 이 채널을 개설하기 위해서는 본인이 소유하고 운영하는 YouTube 채널이 있어야 하며 YouTube에 음악 배급 파트너가 제공하는 뮤직 비디오가 3개 이상 있어야 한다. YouTube에서 활동하는 아티스트는 공식 아티스트 채널을 통해 자신이 관리하는 여러 YouTube 채널의 콘텐츠를 한 곳에 모아놓을 수 있다

메시지

메시지 사진

메시지 기능은 유튜브에 등록된 사용자를 친구로 추가해서 채팅과 동영상을 공유할 수 있다.

친구 추가 방법은 다음과 같다.

말풍선 아이콘 클릭→친구선택→연락처 추가→초대링크 복사→전송

수신자가 초대를 수락해야 메시지 전송이 가능하며 72시간까지만 유효하다.

친구가 설정되면 채팅과 동영상 공유가 가능하며 여러 사람과 함께할 수도 있다.

알림 기능

    알림 기능은 구독채널의 업로드 상황과 콘텐츠 관련 알림을 받는 기능을 수행한다. 유튜브에서는 내가 구독하는 채널에 대한 정보와 소식 나에게 관심 있는 정보를 보낸다. 구독 중인 채널의 🔔 아이콘을 클릭하면 🔔 알림을 수신할 수 있다.

알림

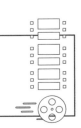

▶ 05 주요 기능

수익 프로그램

크리에이터로서 수익을 창출하는 방법에는 광고와 슈퍼챗, 채널 맴버십이 있다. 수익 창출을 위해서는 별도 자격 요건이 적용된다.

광고를 연결하는 에드센스 계정은 수익금을 받기 위해 설정하는 것으로 별도 가입 절차를 거쳐야 한다. 애드센스 계정은 한 사람이 하나만 개설할 수 있지만 2개 이상의 채널을 연결할 수 있다. 유튜브 채널을 개설하면서 애드센스 계정을 함께 개설하는 것을 권장한다. 나라별로 차이가 있지만 공통적으로 만 18세 이상과 구독자 수를 기준으로 자격 요건을 제시하고 있다.

구분	자격 및 요건
광고수익	만18세 이상, 미성년자의 경우 법적 보호자. 광고주 친화적인 콘텐츠 가이드라인 준수하는 콘텐츠 제작
채널 맴버십	만 18세 이상 구독자 30000명 이상 커뮤니티 가이드 위반 경고 없음.
상품 라이브러리	만 18세 이상 구독사수 10000명 이상 커뮤니키 가이드 위반 경고 없음.
슈퍼챗	만 18세 이상 슈퍼챗이 제공되는 국가/지역에 거주
프리미엄 수익	프리미엄 구독자용 콘텐츠 제작

현재 가장 활성화된 광고와 슈퍼챗을 중심으로 살펴보자.

실시간 스트리밍

YouTube 실시간 스트리밍이란 비디오 게임 스트리밍, 실시간 Q&A 진행, 강의 등 YouTube의 도구를 활용해 스트리밍을 관리하고 실시간으로 시청자와 교류할 수 있는 환경이다.

실시간 채널

동영상 스트리밍

실시간 스트리밍 방송 시청은 검색을 통해서 가능하다. 검색창에 '실시간'을 입력하면 빨간색으로 '실시간 스트리밍 중'영상이 검색된다. 혹은 실시간 채널을 구독하면 방송 채널을 확인할 수 있다.

실시간 스트리밍 방송 송출을 위해서는 준비가 필요하다.

크리에이터 스튜디오→실시간 스트리밍→지금 스트리밍하기→시작하기→계정 인증(24시간 이후 활성화)

계정 아이콘→카메라→실시간 스트리밍 시작→스트리밍 정보 입력(제목, 공개 범위)→공유, 실시간 스트리밍 시작

이러한 과정을 거치면 영상을 송출할 수 있다.

카메라파이 라이브 - 유튜브, 페이스북, 트위치, 게임 스트리밍

Vault Micro, Inc. 동영상 플레이어/편집기 ★ ★ ★ ☆ 45,991 ▲

광고 포함 · 인앱 구매 제공
🚫 일부 기기와 호환되는 앱입니다.

실시간 스트리밍 앱: 카메라파이 라이브

실시간 방송은 PC와 모바일에서 차이가 있다. PC는 자유롭게 송출할 수 있으나 모바일은 구독자가 1000명 이상이어야 가능하다. 그래서 직접 송출하진 못하고 대신 앱을 사용하여 실시간 스트리밍을 구현할 수 있다.

카메라파이라이브는 유튜브, 페이스북, 트위치로 실시간 방송과 저장이 가능하다. 앱을 설치한 다음 환경을 설정하고 방송을 송출한다. 방송은 유튜브 URL을 공유하기 때문에 공개, 미등록, 비공개를 고려한다.

실행창

송출선택

환경선택

실시간 방송

PRISM Live Studio - 유튜브, 트위치, 아프리카TV 동시송출

NAVER Corp.   동영상 플레이어/편집기   ★ ★ ★ ☆   575 ⚊
③

ⓘ 일부 기기와 호환되는 앱입니다.

설치됨

프리즘

프리즘은 네이버에서 개발한 프로그램으로 사진, 비디오 촬영 기능과 더불어 실시간 생방송 송출이 가능한 프로그램이다.

유튜브, 페이스북, 아프리카TV, 네이버TV등 여러 채널에 동시 방송이 가능하다.

모바일에서도 사진과 영상을 추가할 수 있으며 미등록 방송인 경우 URL 주소를 공유할 수 있다. 카메라 이펙트, 채팅과 슈퍼챗 기능 그리고 편집 기능, 비디오 이펙트 등 다양한 기능이 있어서 편리하게 사용할 수 있다.

프리즘 화면

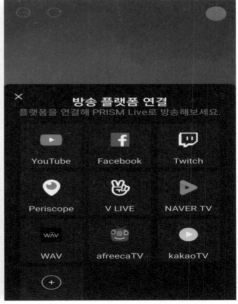

송출선택

채팅은 실시간 스트리밍 중에 쌍방향으로 참여가 가능하다. 방송 참여자인 경우 검색창에 "실시간"을 입력하거나 실시간 방송을 구독하면 검색과 참여가 편리하다.

실시간 채팅 PC

실시간 채팅 스마트폰

슈퍼챗은 참여자가 방송 진행자에게 후원하는 방법이다. 진행자와 시청자 소통을 강화하기 위해서 만들어진 것으로 아프리카TV의 별풍선과 같은 개념이다. 슈퍼챗은 대화 메시지 내용을 돋보이게 표시해주는 기능으로 유튜브 생방송 도중 팬과 나누는 대화 가운데 특정 메시지를 다른 메시지보다 눈에 띄게 해준다. 참여 인원이 많은 경우 참여자가 올린 글이 금방 사라질 수 있으나 슈퍼챗은 일정 시간 화면에 고정된다.

슈퍼챗을 하기 위해서는 먼저 사이버머니를 구매해야 한다. 사이버머니는 구글 계정에 등록된 카드로 결제한다. 모바일 앱의 유튜브 또는 유튜브 Gaming에서 구매할 수 있으며 실시간 채팅 내에서 화폐 종류를 선택한다. 스마트폰에서는 채팅이 표시되고 세로 모드여야 한다.

메시지를 돋보이게 해주는 방법은 메시지에 색상을 입혀 강조하고 일정 시간 동안 상단에 고정해 주는 것이다.

채팅창   구매 금액

× 구매를 완료하세요

YouTube Super Chat
맛있는 녀석들 (Tasty Guys)의 48시간 스트리밍 맛집 OPEN [맛있   ₩2,000
는 녀석들_Tasty Guys] 예전방송 스트리밍

세부정보 ∨

G Pay   신용카드 또는 체크카드 추가

카드 번호
_____   ▬
카드 번호를 입력하세요.

계속 진행하면 본인이 만 18세 이상임을 확인하고 본 약관에 동의한 것으로 간주됩니다. 크리에이터는 고지 또는 환불 절차 없이 어떤 이유로든 언제든지 스트림을 종료하거나 귀하 및/또는 다른 사용자에게 채팅 메시지가 표시되지 않도록 삭제할 수 있습니다. 서비스가 즉시 개시되는 데 동의하며, 서비스가 개시되면 청약을 철회할 귀하의 권리가 제한된다는 사실을 확인합니다. 자세히 보기

구매

결제

슈퍼챗을 활용하기 위해서는 구독자 수 1000명 이상, 18세 이상, 제공 지역의 한 곳에 거주해야 한다. 그리고 운영자가 수익을 창출하는 방법으로 기부 금액에 따라 혜택이 다르다. 슈퍼챗을 하는 경우 진행자를 응원하는 경우도 있지만 관심을 받기 위해서 과도하게 혹은 너무 자주 사용하는 경우 자제력을 잃을 수 있어 신중한 선택이 필요하다.

광고

유튜브의 광고는 기존 광고 시장의 개념과 다르다. 채널 운영자가 직접 광고를 운영할 수 있는 에드센스 프로그램이 있다. 애드센스는 구글이 운영하는 수익 배분 사업의 일환으로 운영되기 시작하였다. 광고주들이 구글에게 광고를 의뢰하면 구글은 개인 사이트 및 블로그에 광고를 게시한다. 이로부터 구글이 일정 수익 이상을 받으면 고객에게 광고료를 지급하는 방식이다.

구글 애드센스   애드센스 계정 만들기

채널의 조회 수나 구독자가 많아도 애드센스와 연결하지 않으면 수익을 창출할 수 없다.

수익 창출을 위해서는 에드센스 계정을 만들고 연결해야 한다. 계정 신청은 가능하지만 수익을 창출하기 위해서는 몇 가지 조건이 있다.

첫째, 모든 유튜브 파트너 프로그램을 준수해야 한다.

둘째, 프로그램이 제공되는 국가나 지역에 거주해야 한다.

셋째, 구독자 수가 1000명 이상이어야 한다.

넷째, 최근 12개월간 채널 시청 시간이 4000시간 이상이어야 한다.

위 조건을 달성하기는 어렵지만 채널이 활성화된다는 것을 가정해서 애드센스 계정을 미리 만들어 놓으면 편리하다.

유튜브 프리미엄

유튜브 프리미엄은 유료 맴버십으로 일정 기간 무료 체험을 제공한 다음 유료로 전환된다. 일정 금액을 지불하면 혜택을 누릴 수 있다. 결제는 등록된 카드로 가능하다.

프리미엄 가입 혜택은 다음과 같다. 광고 없이 동영상 시청이 가능하며 유튜브 뮤직 서비스를 제공받는다. 또 유튜브 오리지널 콘텐츠를 즐길 수 있으며 동영상 다운로드가 가능하다. 또 다른 작업을 하는 동시에 작은 화면으로 영상과 작업을 하는 기능(PIP기능)이 제공된다.

 **06** 콘텐츠 활용하기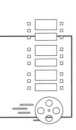

콘텐츠 평가

PPT타자기효과-동영상제작

조회수 28회   👍 2   👎 0   ↱ 공유   ≡+ 저장   •••

동영상 평가

콘텐츠 평가 메뉴에는 '좋아요', '싫어요', '공유 저장', '댓글'그리고 '신고'기능
이 있다. '좋아요', '싫어요'는 로그인한 상태에서 마우스로 클릭하면 된다. 공
유는 유튜브에서 친구로 등록된 사람을 직접 지정하거나 URL 복사를 통해서
SNS에서 할 수 있다.

저장은 본인의 채널에 등록되기 때문에 언제라도 활용할 수 있다. 댓글은 시
청자가 채널 운영자와 소통하는 공간으로 지지하거나 의견을 제시할 수 있다.
하지만 문제 영상에는 적극적인 대처가 필요하다.

댓글 15개   ☰ 정렬 기준

⊙ 공개 댓   인기 댓글순

　　　　　최근 날짜순
⊙　　　　：
　　나두 따라해야겠다 ~~복근운동~~한강 자주가는데ㅎ
　　👍 2 👎   답글
　　답글 보기 ⌄

댓글

신고가 접수되면 콘텐츠에 대한 심의를 한 다음 결정이 내려진다. 내용은 커뮤니티 가이드 위반과 저작권 위반으로 나뉘며 계정 정지나 채널 폐쇄로 이어질 수도 있다.

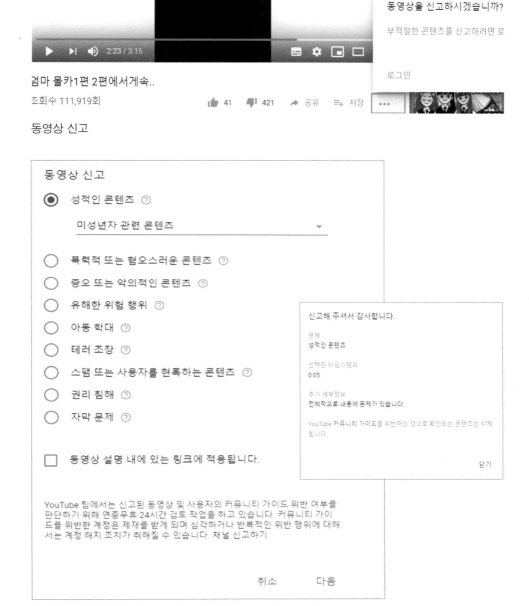

동영상 신고

신고 사항

유료 콘텐츠

구글 결제 센터→메뉴→거래내역→결제 수단, 구독 및 서비스를 차례로 클릭한다. 구글 플랫폼에서는 등록된 카드로 결제가 이루어진다. 유튜브 프리미엄과 같은 유료 콘텐츠에는 1회, 연간 사용권, 평생 사용권 등 종류가 다양하다. 필요에 따라서 1회권을 사용하고 싶은데 선택의 여지가 없이 연간 이용권만 있는 경우 고민이 된다. 또 등록했다가 기억을 하지 못하면 약정 금액이 계속 나가는 것을 인지하지 못하는 경우도 있다. 이럴 경우 대안으로 카드 등록후 곧바로 삭제하는 방법도 고려해 볼 만하다. 또 구글 계정에 카드 정보가 있으면 편리한 점도 있지만 연간 결제처럼 알지 못하는 사이 계속 결제가 진행되기 때문에 불편할 수도 있다. 이런 경우 카드 정보를 평소 삭제해 놓고 필요한 경우에만 등록해서 사용하는 방법도 있다. 사실 연간 구매 프로그램도 구매후 곧바로 카드 정보를 해지하면 한 달만 결제가 된다.

구글 결제 센터 메뉴

Google 결제 센터

目 거래내역   운영중   취소됨

目 결제 수단

⇄ 구독 및 서비스   1   100 GB (Google One)   G   Monthly Subscription -
                                취소한 서비스입니다.   Premium (Magisto Video
♀ 주소   Editor & Maker)

⚙ 설정   2014년 9월 27일에 이 서비스를 취소했
                                                                습니다.

⑦ 고객센터   관리   관리

▉ 의견 보내기
                             G   Yearly Premium   ▶   키네마스터 월간 구독 (키네
                                  Subscription (Magisto Video   마스터(KineMaster) - 동영상
서비스 약관   Editor & Maker)   편집기)
개인정보처리방침
                                  2015년 11월 16일에 이 서비스를 취소   취소한 서비스입니다.

구독 및 서비스

Google 결제 센터

目 거래내역   결제 수단

目 결제 수단

⇄ 구독 및 서비스

♀ 주소

⚙ 설정
                                              결제 수단이 아직 없으신가요?

                                   준비되시면 결제 수단을 등록하여 Google 제품과 서비스를 마음껏 이용하시
⑦ 고객센터

▉ 의견 보내기   결제 수단 추가

서비스 약관

결제 수단 추가

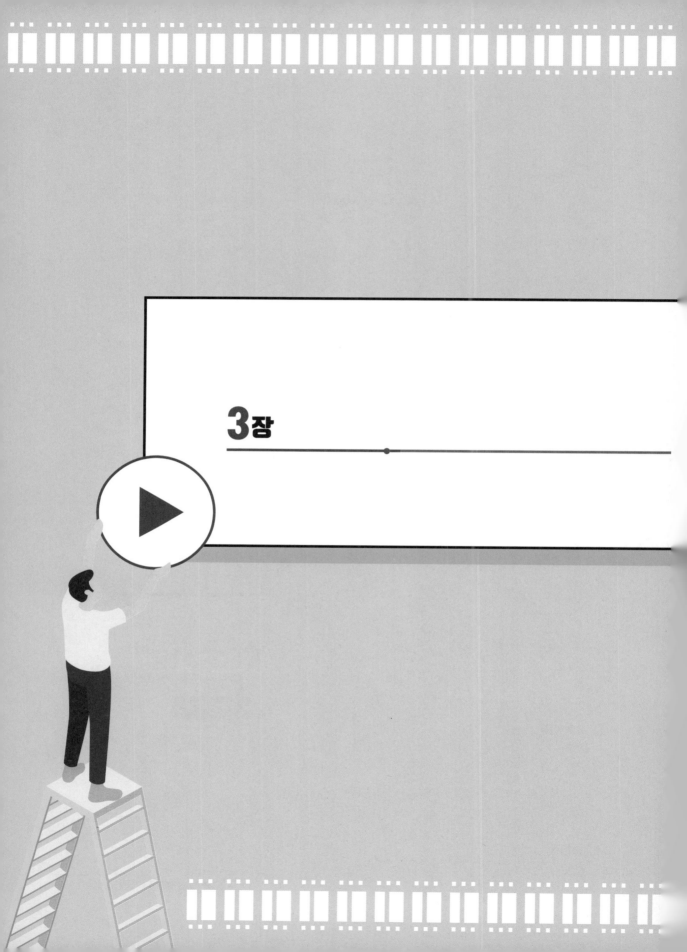

3장

콘텐츠
편집과 제작

 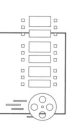

01 촬영

프레임

스마트폰의 여러 기능 중에서 카메라는 편리하면서도 요긴하게 사용되고 있다. 영상이나 사진을 찍는 것은 무언가를 담아서 다시 보기 위함이다. 사람마다 사진을 본다는 의미는 조금씩 다르다. 여행이나 행사 순간을 기억하고 싶은 장면을 담는 기념사진, 주차장의 위치, 강의 중 프레젠테이션 화면, 유인물 등 순간의 정보를 저장하기 위한 정보 사진, 오래된 정원, 멋진 풍경, 저녁노을처럼 예술을 추구하는 순수한 사진, 있는 그대로 또 여러 사람들에게 소식을 알리고 공유하기 위한 뉴스 사진이 있다. 간혹 상업적인 목적을 가지고 전문가가 촬영하는 경우도 있지만 대부분의 사진은 기억을 넘어 기록으로 활용되고 있다.

기념사진

정보 사진

예술 사진

같은 상황이라도 찍는 사람이 카메라 프레임을 어떻게 잡는가, 다시 말하면 무엇을 중요하게 생각하는가, 어떤 의도를 담고 있는가에 따라 의미가 다르다. 한 발짝만 움직여도 새로운 장면처럼 보인다. 사진이나 영상을 찍을 때 대상이 프레임의 어디에 위치하는가에 따라 느낌도 다르다.

보통 프레임을 설정할 때는 황금분할과 황금비율의 규칙을 따른다.

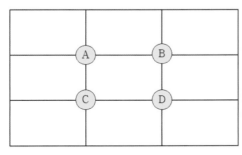
황금분할

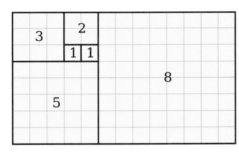
황금비율

황금비율 적용

스마트폰(안드로이드폰)에서 황금분할 화면을 설정하기 위해서는 카메라 실행→설정→수직/수평 안내선→3×3선택을 하면 화면에 가로 세로 줄이 생긴다. 생성된 라인을 기준을 활용하면 편리하게 사용할 수 있다. 프레임을 잡는다는 것은 보여주고 싶은 장면을 먼저 잡은 뒤에 프레임 안에서도 핵심 포인트를 정하는 것이다. 중앙에 위치하는 것보다 A, B, C, D 위치 중에서 한 지점을 잡고 촬영하게 되면 대체로 안정적인 모습으로 보인다. 풍경 사진에서 많이 사용하고 있지만 인물 사진도 예외는 아니다. 핵심 포인트가 중앙에 위치하면 화면을 꽉 채운 느낌으로 답답하게 느껴지지만 조금만 비켜준다면 여백의 미를 느낄 수 있다.

이때 초점을 잡는 것도 중요하다. 초점은 통상적으로 화면 중앙에 위치한다. 핵심 포인트를 강조하기 위해서 초점을 잡아줄 필요가 있다. DSLR 카메라의 경우는 렌즈를 수동으로 조절할 수 있지만 자동으로 촬영하는 경우 사용하는 경우 반셔터를 사용해서 초점을 잡는다. 반셔터가 어렵다면 촬영 버튼을 한 번에 누르지 않고 두 번에 나눠서 찍는다는 생각을 하면 된다. 스마트폰을 사용하는 경우 손가락으로 스마트폰 화면에서 특정한 곳을 선택하면 초점이 그 곳으로 이동된다.

황금비율은 사진을 보는 이로 하여금 안정감과 편안함을 느낄 수 있도록 하는 사진의 구도로, 비율로는 1:1.618이다. 이는 고대 그리스 건축물과 예술품으로부터 출발하였으며 지금까지도 건축물이나 예술품에 사용되고 있다. 촬영을 할 때 한 발짝 이동하고 한 뼘만 움직인다면 멋진 작품을 얻을 수 있다.

프레임의 크기

샷의 구분

우리가 실제 눈으로 볼 때와 스크린으로 볼 때는 느낌이 다르다. 같은 장면이라도 카메라가 프레임을 어떻게 잡는가에 따라서 이야기와 전달하는 내용이 달라진다. 인물의 기준이 되는곳은 ①얼굴(클로즈업)이다. ②가슴(바스트샷), 허리(웨이스트샷), ③무릎(니샷), ④전신(풀샷)으로 프레임이 넓어질수록 객관적이고 전체적인 정보를 다루며 반대인 경우 주관적인 느낌을 전달한다.

그렇다고 해서 정확하게 규정하고 구분하는 것은 아니다. 다만 촬영자가 어떤 의도를 가지고 있느냐에 따라서 달라진다. 그러므로 무엇을 전달할 것인가를 먼저 생각한 다음 프레임을 잡는 것이 좋다. 또 이야기를 만들기 위해 같은 장면에서 프레임을 다양하게 촬영해 두는 방법도 있다.

풀샷

풀샷은 상황과 환경 그리고 움직임에 대한 정보를 제공한다.

인물의 감정보다는 현재 어떤 상황에 놓여 있는지, 다음 동작은 무엇인지, 주변에 무엇이 있는가를 알 수 있다. 사람의 경우 전체적인 몸짓이나 동작을 설명하고 배경의 경우 장소나 상황에 대한 정보를 전달한다. 여백이 많이 있기 때문에 여유가 있으며 주로 영상을 처음 시작할 때나 마지막 문제가 해결되었을 때 사용한다.

바스트샷

바스트샷과 니샷은 인물이나 안정감을 표현한다.

　뉴스나 날씨 정보, 리포팅을 할 때 사용되며 시청자와 마주보면서 상황을 설명하거나 정보를 전달하는 데 사용된다. 여행사진, 가족사진에서 많이 볼 수 있으며　위치에 따라서 인물과 정보를 적절하게 조절할 수 있다. 평소 시선과 같은 위치기 때문에 왜곡되지 않고 편안한 느낌이다.

클로즈업샷

클로즈업은 집중과 감정을 설명한다.

사물인 경우 열쇠, 마우스, 특정 도구처럼 물건의 움직임이나 설명을 위한 표현에 사용되며 인물의 경우 심리적인 변화나 느낌을 표현하기 위해서 눈동자, 손짓, 발걸음을 보여준다. 모든 것을 꽉 찬 화면으로 표현하기 때문에 선택과 집중을 유도하며 보는 사람으로 하여금 심리적인 압박감을 느끼게 한다. 드라마의 경우 다음편의 궁금증을 자아내고 연속성을 유지하기 위해서 클로즈업 기법을 사용한다.

촬영 각도

많은 사람들이 있는 그대로 찍을 것인가, 혹은 보기 좋게 찍을 것인가를 두고 고민한다. 그대로 찍는다는 것은 눈에 보이는 위치에서 변화를 주지 않고, 왜곡하지 않는 촬영을 의미한다. 객관적인 의미로 찍는 것이다. 반면 보기 좋게 변화를 주는 것은 찍는 사람이 의도를 가지고 가까이서 클로즈업으로 찍거나 각도를 잡아서(하이, 로우) 찍는다.

'low angle'은 시원하고 웅장하면서 동적인 느낌을 표현한다. 앉아서 위를 찍는 모습으로 건물 촬영에 많이 이용된다. 'eye level'은 우리가 바라보는 위치에서 서서 수평으로 촬영하는 것이다. 눈높이 시선은 자연스러운 느낌으로 평범한 일상을 표현하는 데 좋다. 반면 'high angle'은 인물이나 사물을 왜소하게 보이는 연출 기법으로 서서 내려다보는 느낌이 난다. 이밖에도 하늘에서 새가 내려다보는 시선 혹은 개미나 생쥐처럼 작은 동물의 시선으로 바라보는 장면이 있다. 이런 장면을 촬영하기 위해서는 드론이나 삼각대 등 특별한 기술과 도구가 필요하다.

로우앵글(낮은 곳에서)

아이레벨(눈높이)

하이앵글(높은 곳에서)

대상의 시선

대상 인물이 서로 마주보는가 아니면 카메라를 보는가? 다시 말하면 배우의 시선이 어디에 있는가에 따라서 시청자도 다른 느낌을 가진다.

서로 마주보기

서로 마주보는 상황에서는 화면 안에서 일어나는 일을 시청자의 시선으로 객관적 사실로 판단하는 것이다. 주로 드라마나 영화 속에서 장면을 연출하는 상황이다. 편안한 상태에서 시청자가 반응을 하지 않더라도 지켜보기 때문에 부담이 적다.

카메라를 보는 경우는 다르다. 영상을 찍을 때 대상인물이 카메라를 보고 찍는 것은 바로 시청자와 눈 마주침(eye-contact)을 한다는 의미다. 주로 방송에서 리포터나 뉴스 진행자에 사용된다. 실시간 생방송이 아니라도 시청자와 소통을 하기 위해서 카메라를 바라볼 수 있다. 정보를 전달하거나 시청자에게 요구를 하는 상황이기 때문에 시청자의 입장에서는 불편할 수도 있다. 누군가가 계속 자신을 보고 있다는 생각이 들 때는 불편하다. 따라서 이례적으로 특별한 목적이 있지 않으면 사용하지 않음을 원칙으로 한다.

카메라 보기

소리

소리는 촬영하면서 삽입된 부분과 편집 과정에서 삽입되는 부분 크게 2가지로 나눈다. 촬영하면서 삽입된 부분은 현장음과 진행자의 목소리가 대표적이다. 편집 과정에서 삽입하는 소리는 배경음악이나 효과음이다. 내레이션도 편집 과정에서 삽입된다. 소리는 전체적인 분위기와 보조적인 역할을 하지만 ASMR처럼 소리가 중심인 영상도 있다. ASMR은 'autonomous sensory meridian response'의 약자로 뇌를 자극해 심리적인 안정을 유도하는 소리를 말한다. 칠판 소리, 빗소리, 바람 소리, 바스락 소리로 흔히 백색소음이라 불린다. 먹방이나 요리에서는 소리가 중심이기 때문에 소리의 감도와 방향에 따라 달라지는 지향성 마이크를 사용한다. 정면에서 들을 때와 비스듬한 방향에서 들을 때의 음량과 음질에는 차이가 있기 때문이다.

시작 단계에서는 소리를 중요하게 생각하지 않는다. 소리 없이 자막만으로도 내용 파악이 가능하기 때문이다. 하지만 시간이 갈수록 소리의 중요성이 강조되면서 마이크를 사용하는 경우가 많아지고 있으며 더불어 조명 사용도

증가하고 있다. 초보자의 경우 10만 원 이하에서 장비 구매를 권장한다. 온라인에서 판매되고 있는 기본 구성품은 '마이크+조명+삼각대+스마트폰 거치대'다.

자막

전통적인 영상은 화면과 소리가 결합된 형태다. 여기에 자막이 등장하면서 새로운 영역이 만들어지고 있다. 뉴스에서 시작된 자막은 예능 프로그램과 유튜브로 발전하고 있다. 출발은 소리를 보완하기 위해 시작되었지만 시각적인 특성을 함께 가지고 있다. 정보 전달뿐만 아니라 다양한 서체를 통해 표현의 차별화를 추구하고 있으며 더 나아가서 이모티콘이 결합되면서 화면과 소리와는 또 다른 제3의 영역으로 자리매김하고 있다.

촬영 장비

조명은 시각적인 느낌이나 감정을 증폭시킨다. 야외에서 사진을 촬영할 때 태양을 등지고 찍는 것과 마주보고 찍는 사진은 전혀 다르다. 교실에서 사진을 찍을 때도 창가 쪽인가, 복도 쪽인가, 불이 켜져 있는가 꺼져있는가에 따라서 다르다.

실내에서 촬영하는 경우 보통 3개의 조명을 사용한다.

키라이트(Key Light)는 가장 기본적인 조명으로 인물이나 물건의 한쪽 면을 비추는 조

기본 장비

명이며 필 라이트(Fill Light)는 키라이트의 그림자를 조정하기 위해 사용한다. 마지막 백라이트(Back Light)는 피사체의 뒤에서 윤곽이나 입체감을 살려주는 역할을 한다.

링 라이트(Ring Light)는 제품, 음식, 뷰티 콘텐츠를 가까이서 촬영할 때 사용한다. 처음 시작할 때는 10만 원대 이하의 제품을 권장하며 구매가 어렵다면 가정용 스탠드나 백열전구를 활용해도 어느 정도 효과가 나타난다. 빛이 너무 강하다면 종이나 천을 활용해서 조절할 수 있다.

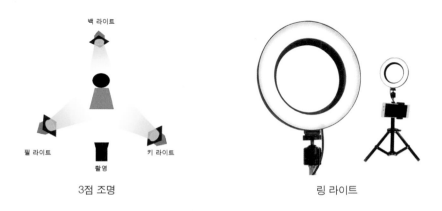

3점 조명   링 라이트

마이크는 명확하고 깨끗한 소리를 전달한다. 우리가 주로 사용하는 마이크는 다이나믹 마이크와 콘덴서 마이크다. 다이나믹 마이크는 노래방이나 강연장에서 사용하는 마이크로 강연이나 녹음을 할 때 사용하며 콘덴서 마이크는 섬세하기 때문에 녹음실이나 스튜디오에서 사용한다. 또 ASMR(Autonomous Sensory Meridian Response)작업을 할 때 사용하는 마이크는 녹음 기능이 있는 마이크다. 본체에 녹음 기능이 있어 독립적인 작업이 가능하다.

마이크도 마찬가지로 처음부터 비싼 장비를 구매할 필요는 없다. 1~2만 원대 마이크도 성능이 좋다. 스마트폰에 마이크를 연결하는 경우에는 거리를 생각해서 1m 이상 되는 제품을 구매한다. 장비 구매가 어려운 경우 이어폰의 마이크나 헤드셋의 마이크 사용해도 나쁘지 않다. 또 음질을 높이려면 마이크에 잡음이 들어가지 않도록 윈드스크린이나 가벼운 천으로 감싸주면 효과가 있다.

콘덴서 마이크와 다이나믹 마이크　　　　　녹음기능이 있는 마이크

　　삼각대는 촬영의 필수품이다. 마이크나 조명은 없어도 촬영에 문제가 없으나 삼각대가 없으면 촬영이 어렵다. 카메라나 캠코더를 사용하는 경우 장비가 무겁기 때문에 장비를 지탱할 수 있는 무게, 균형을 맞추는 수평계 기능을 점검한다. 또 삼각대에 조명이나 마이크를 장착할 수 있기 때문에 확장 기능을 고려한다. 삼각대는 1만 원대도 많이 있기 때문에 촬영할 때는 반드시 준비해야 할 품목이다.

 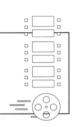

02 편집

다양한 애플리케이션과 프로그램

　편집은 촬영한 사진이나 영상을 재구성하는 것이다. 과거 영상 편집 프로그램을 다룰 수 있는 몇몇 사람들만 편집이 가능했지만 스마트폰 앱이 등장하면서 누구나 쉽게 편집이 가능해졌다. 또 PC 프로그램도 다양해지면서 수준별로 접근이 가능한 환경이 되었다.

　대표적인 스마트폰 앱에는 키네마스터, 파워디렉터, 비바비디오가 있다.

키네마스타

키네마스터는 안드로이드 이용자들을 위한 모든 기능을 갖춘 동영상 앱이지만 아이폰에서도 가능하다. 키네마스터를 통해 멀티레이어, 혼합 모드, 보이스 오버, 크로마키, 속도 조정, 장면 전환 효과, 자막 입력, 특수효과 등 다양한 기능을 쉽게 이용할 수 있다.

파워디렉터

파워디렉터는 모든 제작자에게 적합한 동영상 편집 및 제작 환경을 제공한다. 파워디렉터는 360도, Ultra HD 4K 또는 최신 온라인 미디어 등 모든 종류의 미디어를 제작하는 크리에이티브 전문가를 위한 동영상 편집 프로그램이다.

비바비디오

비바비디오는 동영상 편집 및 슬라이드쇼 제작이 가능하다. 필터, 자막, 스티커, 가속, 음악, 장면 전환, 클립 편집 등 다양한 기능을 가지고 있다.

PC 편집 프로그램도 다양화되고 있다. 과거 무비메이커가 대표적이었지만 현재는 곰믹스, 뱁믹스, 파워디렉터가 명성을 이어가고 있다.

 곰믹스 GOM Mix
인기도 ▊▊▊▊▊▊ 동영상 편집

곰믹스

 뱁믹스 Vapmix
인기도 ▊▊▊▊▊▊ 동영상 편집

뱁믹스

곰믹스와 **뱁믹스**는 초보자가 쉽게 사용할 수 있는 국산 PC 편집 프로그램이다. 뱁믹스는 간단한 인터페이스로 사용자가 쉽게 고화질 동영상을 만들 수 있게 해주는 프로그램이다. 곰믹스는 가장 많이 사용되고 있는 프로그램이다. 간편하게 영상을 편집할 수 있는 프로그램으로, 영상 자르기, 배경 음악 추가, 텍스트/이미지 삽입 등 다양한 기능을 지원한다. 곰믹스의 경우 프로그램 자체가 단순화되어 있어서 사용하기 쉬운 환경이다. 과거 무비메이커나 다음팟 플레이어와 편집 화면 구조가 유사하기 때문에 메뉴를 쉽게 찾을 있다. 또 제작자의 저작권 표시도 가능하다. 레이어를 추가하거나 고급기능을 사용하기 위해서는 유료 버전인 곰믹스 프로를 사용해야 한다. 뱁믹스도 편집 프로그램이지만 다른 프로그램과 차별은 자막 기능이다. 자막마다 효과음을 넣을 수 있고 여러 형태의 자막을 넣을 수 있다. 다양한 자막을 원하는 경우 유료 버전으로 전환해야 한다.

 파워디렉터 15
인기도 ▊▊▊▊▊▊ 동영상 편집

파워디렉터

파워디렉터(PowerDirector)는 사이버링크가 개발한 영상 편집 소프트웨어이다. 파워디렉터는 클립의 잘라내기, 병합, 겹치기 및 효과 넣기를 제공하며 H.265 비디오와 360도 동영상과 같은 새로운 표준 포맷도 지원한다. 앱과 PC 버전이 있다.
시작 단계에서는 무료 버전을 권장한다. 어느 정도 실력이 늘어나면 유료 버전으로 업그레이드 한다. 그러나 유료 버전에서도 기능이 부족한 부분이 있는 경우 다른 프로그램을 선택한다. 전문가용으로 사용되는 프리미어와 아비드, 베가스, 에프터 이펙트는 어느 정도 편집 능력이 있어야 다룰 수 있다.

재료와 장비 준비

스마트폰을 활용하면 10분 안에 제작과 촬영, 공유가 가능하다. 일단 완성하는 데 의미를 두고 시작해 보자. 스마트폰은 영상 제작에 최적화된 장비다. 촬영을 위해서는 기본적으로 삼각대를 활용한다. 가격을 떠나서 삼각대를 사용하면 흔들림 없이 안정적인 영상을 촬영할 수 있다.

촬영하는 순간

촬영하는 순간에도 편집은 시작된다. 실제로 촬영할 때도 편집을 생각한다면 프레임의 구조를 다르게 잡을 수도 있다. 편집에 사용될 수 있는 장면도 따로 촬영한다. 그러므로 촬영 순간부터 편집은 시작된다고 할 수 있다. 촬영을 모두 끝내고 스마트폰에 영상이 저장되어 있다면 키네마스터 앱을 이용해서 편집을 시작해 보자.

키네마스터 환경 설정

키네마스터 시작화면

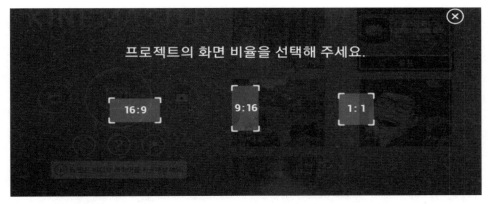

키네마스터 화면 비율 설정

프로그램을 열면 슬레이트 창이 보인다. 프로젝트에서 가장 많이 사용되는 16:9를 선택하고 진행한다.

키네마스터 작업 절차

키네마스터 메뉴

완료 아이콘

키네마스터의 작업은, 미디어(사진, 동영상 소스) → 레이어(자막, 효과) → 음성(내레이션) → 오디오(배경음악, 효과음) 4단계로 이루어져 있다.

단계마다 선택을 하고 완료 아이콘을 클릭한다.

각 단계의 작업을 하고 완료 아이콘을 클릭하여 저장한 다음에는 그 단계를 수정할 수 없다.

미디어 선택

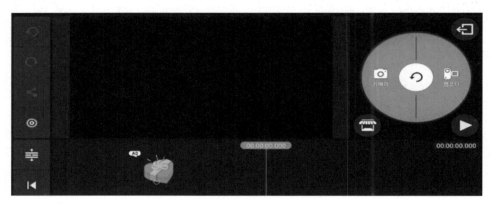

키네마스터 작업창

키네마스터 저장 홀더

　동영상을 만들기 위해서는 재료가 필요하다. 프로젝트 화면 비율은 선택하면 작업창이 열린다. 이때는 미디어와 카메라 아이콘만 활성화된 상태다. 카메라 렌즈를 누르면 활성화가 되고 사진과 동영상 촬영이 가능하다. 현장에서 사진, 영상을 촬영해서 바로 사용할 수도 있다. 하지만 대부분은 촬영을 마친 다음 제작을 하기 때문에 특별한 경우가 아니면 실시간으로 제작하는 경우는 드물다. 보통 스마트폰에 저장된 폴더(DCIM/Camera)에서 저장된 사진과 영상을 순서대로 선택하고 확인버튼을 누르면 편집 공간에 올라온다. 사진과 영상을 배열할 때 정해진 것은 아니나 시간 순으로 혹은 주제나 내용 순으로 정리를 하면 편리하다.

순서 정하기

사진과 영상을 주제나 순서에 맞게 배열한다. 가능하면, 사진→영상→사진→영상, 변화를 주는 것이 좋다. 사진은 정보를 담고 있으며 영상은 동적이기 때문에 감정이나 느낌을 전달한다. 또 화면 크기에 따라서 전달하는 내용도 다르다. 다음 그림은 1-풀샷, 2-미디엄샷, 3-클로즈업샷으로 구성되어 있다. 1에서는 주변 환경과 상황을 파악하고 2에서는 두 사람의 관계를 확인한 다음 3에서는 감정을 읽어낸다. 영상은 이런 구조가 반복된다.

①　　　　　　　　　　②　　　　　　　　　　③

사진과 영상의 순서 정하기

레이어

레이어 메뉴에서 텍스트-제목을 입력한다. 메뉴에서는 미디어, 효과, 오버레이, 손 글씨 메뉴가 있으나 가장 기본은 텍스트다. 이를 활용해서 제목을 입력한다. 제목 오브제의 크기나 위치와 방향도 조정할 수 있다. 이때 생성된 노란색 레이어에도 여러 가지 효과를 적용할 수 있다.

키네마스터 레이어

키네마스터 동영상 콘텐츠 제목 입력

화면 효과

오프닝이나 마지막 장면의 효과, 그리고 화면전환 효과는 영상을 자연스럽게 이어준다. 화면과 화면을 연결 부분에 삽입하는 방법, 영상의 밝기와 컬러를 조정하는 방법이 있다.

자막 입력

중요한 정보나 강조해야 할 내용을 자막으로 처리한다. 뉴스 자막과 예능프로그램의 자막을 생각해 보자. 시각적 효과와 재미를 위해서 이모티콘이나 타이포그래피를 활용한다. 제목과 마지막 엔딩타이틀은 영상에 꼭 포함되어야 한다.

음성

음성 녹음

녹음 완료

음성 작업은 영상을 보면서 내레이션을 녹음하는 것이다. 미리 대본을 써놓고 녹음하는 것이 편리하다. 음성 메뉴를 선택하면 녹음창이 열리고 시작버튼을 누르면 녹음이 시작된다. 녹음이 끝나면 보라색 내레이션 레이어가 추가된다. 이때 녹음된 소리도 위치를 변경하거나 편집이 가능하다.

오디오

오디오 아이콘

오디오 삽입

메뉴에서는 음악과 효과음 그리고 미리 녹음된 파일과 스마트폰에 저장된 음악을 삽입할 수 있다. 오디오를 추가하면 초록색 레이어로 표시가 된다. 오디오의 길이는 영상의 길이에 맞춰진다. 오디오가 길더라도 영상 레이어가 없으면 더 이상 늘어나지 않기 때문에 소리의 시간도 영상과 맞게 설정해야 한다.

효과음 넣기

효과음은 편집 단계에서 삽입된다. 현장에서 삽입된 소리는 상태에 따라서 삭제하거나 증폭시킨다. 상황에 어울리는 효과를 위해 새로운 소리를 입력하기도 한다. SF 영화의 효과음은 모두 만들어진 것이다.

배경음악 넣기

남녀가 데이트 하는 장면을 그려보자. 이때 배경음악이 있는 경우와 없는 경우를 상상해 보자. 현장음, 효과음, 배경음악, 남녀의 대사가 있다면 어떤 것이 우선순위가 될까? 보통은 대사가 가장 중요하고 나머지는 상황에 따라서 크기를 조정한다.

확인하기

작업한 내용을 내보내기 전에 모든 과정을 확인한다. 빠진 부분이나 자연스럽지 못한 부분을 보완하고, 필요한 경우에는 다시 촬영하거나 대체 자료를 사용한다.

완성하기

　마지막에는 영상의 목적에 따라 품질을 결정하고 완성한다. 스마트폰으로 보는가, 큰 화면으로 보는가, 중요한 내용인가, 가벼운 내용인가에 따라서 영상의 품질이 결정된다.

내보내기

키네마스터 내보내기

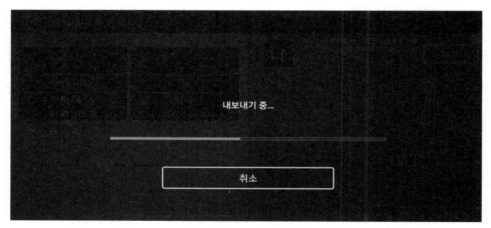

내보내기 진행 중

영상을 완성하기 전에 전체적으로 내용을 확인한 다음 이상이 없으면 건너뛰기를 눌러 내보내기를 한다. 이때 유료 버전의 경우 워터마크가 없지만 무료 버전은 워터마크가 포함된다. 건너뛰기를 누르면 워터마크가 삽입되더라도 영상을 만드는 데 문제가 없다. 그러므로 처음부터 유료 버전을 사용하지 말고 일정 기간 테스트를 거친 후 구매하는 것이 현명하다.

유튜브 등록과 공유

내보내기 완료

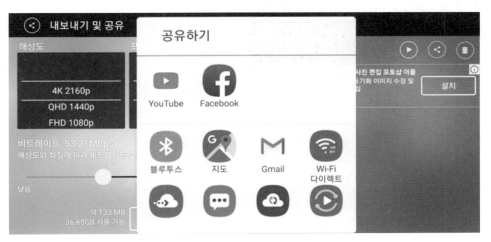

공유 방법 선택

완성된 영상은 공유하기를 통해 유튜브, 페이스북, 클라우드, 이메일 등 다양한 경로로 전달할 수 있다. 여기에서는 유튜브에 올리는 방법을 선택한다. 유튜브 아이콘을 선택하면 직접 등록이 가능하다. 이때 개인계정인지 브랜드 계정인지 확인이 필요하다. 올리기 전에 제목과 설명 정보를 입력하고 개인정보보호에서 미등록인지 확인한 다음 마지막으로 화살표를 눌러 업로드를 한다. 동영상 등록이 완료되면 링크를 복사해서 SNS로 공유한다.

동영상 정보 입력   URL 공유

03 수업 자료 만들기

동영상 작업은 기본적으로 재료(사진, 영상)에 소리를 더해서 새로운 영상을 만드는 작업이다. 사진이나 동영상은 원재료이며 내레이션이나 음악은 편집 과정에서 합쳐서 하나로 만들어진다. 어떤 프로그램이나 장비를 사용하느냐에 따라서 또는 제작자의 수준에 따라서 영상이 달라진다.

수업 자료의 경우 높은 수준의 영상보다는 내용을 얼마나 충실하게 전달하는가, 수업 목적에 맞게 충분한 내용을 담고 있는가가 더 중요하다. 즉 수업에서 도구적 성격으로 활용되기 때문에 고가의 장비와 프로그램을 사용하면서 전문가 흉내를 낼 필요는 없다. 다루기 쉬운 프로그램을 사용하고 여유가 된다면 조금씩 업그레이드 하는 것이 바람직하다.

파워포인트 동영상 만들기

파워포인트(PPT)는 수업이나 발표에 가장 많이 사용하는 프로그램 중 하나다. 파워포인트를 활용한다면 부담이 적고 누구나 쉽게 접근할 수 있기 때문에 작업이 쉬우며 영상 제작의 원리를 이해하는 데 도움이 된다. 파워포인트를 활용한 수업 자료 영상 제작 과정은 다음과 같다.

① 파워포인트에 수업 내용 정리하기
② 애니메이션 효과 넣기
③ 내레이션과 배경음악 넣기
④ 동영상 만들기
⑤ 유튜브에 올리기

1) 파워포인트에 수업 내용 정리하기

실제 수업에 사용하는 내용으로 페이지를 구성한다. 필요에 따라서 그림이나 도표를 삽입한다.

수업 자료 제목 입력

2) 애니메이션 효과 넣기

주의집중을 위해서 입력한 글에 애니메이션 효과를 준다. 먼저 글자에 블록을 설정한 후 메뉴→애니메이션→나타내기→애니메이션창→효과옵션→나타내기→텍스트 애니메이션→문자단위→0.1초 설정→확인을 하면 애니메이션이 적용된 것을 확인할 수 있다.

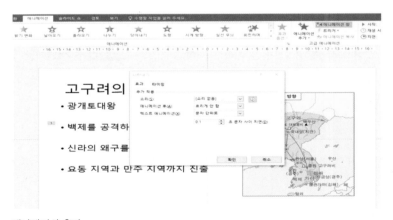

애니메이션 효과

3) 내레이션과 배경음악 넣기

삽입→오디오→오디오 녹음을 선택하여 창을 열고 관련 내용을 녹음한다. 배경음악은 저작권에 문제가 없는 곡을 선택한다. 유튜브에서는 동영상 제작을 위해서 저작권에 대한 정보와 함께 무료 음원을 지원하고 있다. 계정 아이콘→유튜브 스튜디오→기타 기능→오디오 라이브러리→무료 음악/음향효과 순으로 클릭하여 무료 음원을 다운받아 사용하면 된다.

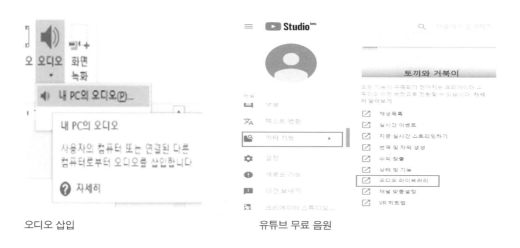

오디오 삽입   유튜브 무료 음원

녹음

4) 동영상 만들기

메뉴→파일→내보내기→비디오 만들기를 선택한다. 품질을 확인하고 비디오 만들기 아이콘을 클릭한다. 파일명을 입력하고(삼국의 전성기) 동영상을 만든다.

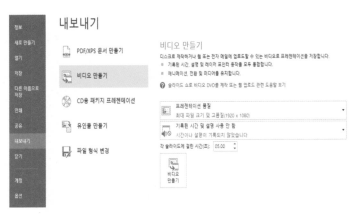

동영상 파일 만들기

5) 유튜브에 올리기

저장 버튼을 실행하면 화면 하단에 진행 과정이 나오고 바탕 화면에 동영상(삼국의 전성기) 파일이 만들어진다. 완성된 파일을 확인하고 유튜브에 올린다.
유튜브 메뉴→카메라 아이콘→동영상 업로드→파일 선택

동영상 확인

동영상 파일 유튜브 올리기

플립러닝 영상 만들기

 플립러닝 영상은 인터넷 강의나 시범에서 자주 보는 영상으로 2개의 화면을 합성한 형태다. 모든 교과에서도 사용할 수 있지만 특히 기술이나 과학처럼 실습이 많은 교과, 혹은 컴퓨터 프로그램과 관련된 교과에서 유리하다. 교사가 설명하는 장면은 스마트폰으로 촬영하고 컴퓨터 모니터는 오캠 프로그램을 이용하여 동영상으로 캡처한 다음 두 개를 합성하는 방법이다. 제작 과정은 다음과 같다.

 ① 화면 캡처하기(오캠 화면 캡처 프로그램)

 ② 설명 장면 촬영하기(키네마스터)

 ③ PC 영상 옮기기(오캠 영상을 키네마스터로)

 ④ 영상 합성하기

 ⑤ 유튜브에 올리기

1) 화면 캡처하기: 오캠 프로그램 설치 후 화면 캡처하기

오캠 파일을 다운받아 설치한다.

오캠 프로그램 설치

오캠 아이콘을 선택하면 프로그램이 실행된다.

화면 녹화 설정

　　화면 녹화에서 화면의 크기를 조정한다. 가능하면 전체 화면을 설정하는 것이 좋다. 녹화와 동시에 녹음도 가능하다.

녹화 버튼을 누르면 화면 초록색 창 버튼이 빨간색으로 바뀌면서 녹화 시간이 표시된다. 녹화를 중지하고 열기 폴더를 클릭하면 녹화된 파일을 확인할 수 있다.

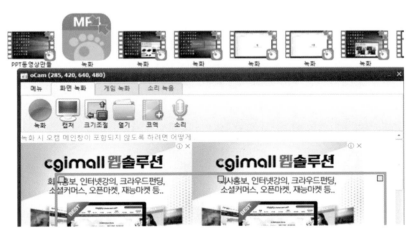

녹화 파일 확인

2) 얼굴 촬영하기

교사가 PC 화면을 보고 설명하는 장면을 스마트폰으로 동영상을 촬영한다. 실제 수업장면과 같은 상황이라고 생각하면 된다. 이때 전방 카메라를 사용하

스마트폰과 삼각대를 이용한 촬영 장면

므로 시선은 카메라와 마주 보는 상황이다. 시선을 어디에 둘 것인가를 테스트 한 다음 녹화를 한다. 인터넷 강의처럼 학생들과 눈높이를 맞추기 위해서는 테스트가 필요하고 삼각대는 반드시 사용해야 한다.

3) 동영상 옮기기

컴퓨터 촬영 영상을 PC로 옮긴다. 오캠 프로그램으로, PC에서 캡처한 영상을 스마트폰으로 옮기는 방법은 파일을 전송하는 방법과 같이 케이블을 이용한다. PC에서 1차 편집도 가능하지만 스마트폰에서 한 번에 편집하는 것이 유리하기 때문에 원본 파일을 그대로 옮긴다.

4) 영상 합성하기

키네마스터를 연다. 첫째 미디어 아이콘에서 옮겨놓은 PC 영상(오캠 캡처)의 위치를 확인하고 불러온다. 이 영상은 칠판과 같은 역할이다.

PC영상(오캠 캡처) 불러오기

둘째 스마트폰 영상을 불러온다.

레이어→미디어→스마트폰 촬영(교사 설명)영상을 순서대로 클릭하여 불러온다. 칠판 위에 교사 설명 영상을 올리는 과정이다.

스마트폰 촬영 동영상 불러오기

동영상 파일 두 개가 겹쳐진 모습이다. PC 영상 위에 스마트폰 영상(교사 설명)을 올리고 크기와 위치를 지정한다. 보통 오른쪽 아래 위치한다.

여기에서 배경음악이나 효과음 삽입이 가능하다. 이때 PC 사운드, 교사 설명 사운드, 배경음악, 효과음이 혼재되기 어떤 소리가 가장 중요한가에 따라서 우선순위를 정한다.

영상 겹치기

필요한 경우 스마트폰 영상(인물)에서 크로마키 선택 배경을 제거한다. 주로 사용하는 것은 TV뉴스 수화 방송 장면이다. 스마트폰 영상의 위치를 정한 다음 모양을 수정한다. 코롭→마스크 설정→모양을 클릭하여 원하는 모양을 선택한다. 영상을 만드는 과정은 앞서 진행한 내용과 동일하다.

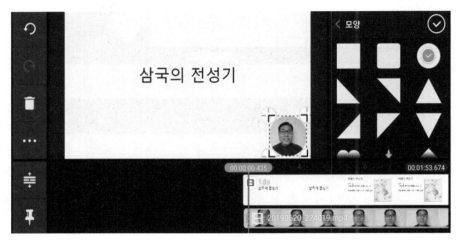

삽입 영상 형태

5) 유튜브에 올리기

키네마스터에서 완성된 영상은 바로 유튜브에 업로드한다. 수업 자료 영상의 경우 1차적으로 수업 시간 학생들에게 공개를 한다. 2차적으로 전체 공개를 할 것인가는 선택의 문제다. 교실 안에서 학생들에게 공개를 하더라도 공적인 자료이므로 저작권이나 초상권 그리고 윤리적인 문제 등을 생각해야 한다. 일단 유튜브에 영상을 공유하면 수업 시간뿐만 아니라 가정이나 다른 장소에서도 학습에 활용할 수 있다.

04 영상 알리기, 홍보하기

정보 입력

유튜브에 영상을 올리기만 하면 시청자가 접근하는 것은 아니다. 영상에 대한 충분한 설명과 정보를 제공해야 한다. 그러므로 제목 썸네일, 태그 등을 상세하고 구체적으로 입력해야 한다.

먼저 영상에 대한 정보를 수정하기 위해서는 유튜브에 로그인한 상태에서 '동영상 수정' 아이콘을 클릭 후 기본 정보를 입력한다.

동영상 정보 수정

기본 정보 입력

미리보기 이미지

맞춤 미리보기 이미지
(2MB 이하) ⑦

태그

인공지능 ✕   스피커 ✕   AI메이커스 ✕   기가지니 ✕   ⎘

쉼표로 구분된 값을 입력하세요

썸네일과 태그 입력

기본 정보에서는 제목, 설명, 미리보기 이미지, 태그를 입력한다.

제목은 필수 사항으로 시청자가 한눈에 알아볼 수 있도록 정해야 하며 다시 수정할 수도 있다.

설명은 제목을 보충하는 내용으로 키워드 중심으로 문장을 구성한다. 보통 영상 아래 3~4줄로 친절하게 설명하는 것은 시청자를 배려하는 것이다.

여기에서는 다른 정보로 연결할 수 있으며 더 보기를 통해 스크롤 기능으로 연계가 가능하기 때문에 블로그나 SNS 확장이 가능하다. 하지만 너무 많은 경우 구독자의 관심을 떨어트린다.

미리보기에서는 자동으로 등록된 썸네일 대신 직접 제작한 썸네일로 교체한다. 썸네일은 한 장으로 요약된 설명서의 개념으로 직접 제작한 그림을 등록할 수 있다.

태그는 ','로 구분하며 키워드를 사용해 설명을 작성하면 시청자가 검색을 통해 동영상을 더 쉽게 찾을 수 있다. 검색 키워드에 쉽게 노출할 수 있도록 설정하기 위해서는 포털 사이트에서 연관 검색어가 어떤 것인지를 확인한 다음 관련된 단어를 입력해 두도록 한다.

포털 연관검색어

썸네일 제작

 썸네일은 콘텐츠를 소개하는 화면으로 영상을 볼 것인가 말 것인가를 결정한다. 썸네일을 제작할 때 고려할 부분이다.

 1. 가장 쉬운 제작 방법은 영상 내용 중 한 장면을 캡처해서 사용하는 것이며 글자를 입력할 여백이 필요하다.

 2. 핵심 단어를 배치하고 콘텐츠에 어울리는 폰트와 색을 선정한다. 주로 하얀색, 노란색, 빨간색, 파란색처럼 원색으로 글자 테두리를 사용한다.

 3. 영상에 대한 내용을 한눈에 알아볼 수 있도록 해야 하며 비슷한 채널을 탐색해서 트렌드와 맞춘다.

 썸네일의 미리보기 이미지는 내장 플레이어에서도 미리보기 이미지로 사용되기 때문에 가능한 한 커야 한다. 맞춤 미리보기는 해상도 1280×720픽셀 이상의 이미지로 그림 파일인 확장자가 JPG, GIF, BMP, PNG인 경우 가능하다. 파일의 크기는 2MB 이내로 한다.

썸네일

채널 아트

　채널 아트는 채널의 특징을 알기 쉽게 소개하는 데 있다. 채널 접근은 스마트폰이 대부분이며 태블릿 PC와 TV순이다. 채널 아트는 기본으로 제공하는 템플릿을 사용할 수 있으나 채널의 특성을 소개하기 위해서 직접 제작한 후 업로드한다. 스마트폰과 태블릿 PC, TV에 최적화된 채널 아트를 만들기 위해서는 유튜브에서 제공하고 있는 가이드라인을 따를 필요가 있다.

채널 아트

채널 아트를 파워포인트로 만들어 보자

① 채널 아트 가이드라인 파일 준비
② 파워포인트 화면 설정
③ 가이드라인 파일 불러오기
④ 가이드라인 안내선 그리기
⑤ 가이드라인 파일 삭제하기
⑥ 채널 아트 디자인하기
⑦ 그림 파일로 저장하기
⑧ 채널 아트 등록하기

1) 채널 아트 가이드라인 파일 준비

유튜브나 포털에서 채널 아트 가이드라인 파일을 다운받는다. 채널 아트 가이드라인에는 스마트폰과 태블릿PC TV 사이즈에 따라서 가로×세로 픽셀 값이 정해져 있다.

가이드라인

2) 파워포인트 화면 설정

메뉴→디자인→슬라이드 크기→사용자 지정 슬라이드 크기→수치 입력을 차례대로 클릭한다. 화면 사이즈는 TV를 기준으로 제작한다. TV화면은 가로 1,546pix×세로 423pix이다. 그렇지만 파워포인트 단위에는 pix 단위가 없기 때문에 cm로 환산해서 67.33cm×38.1cm를 입력한다.

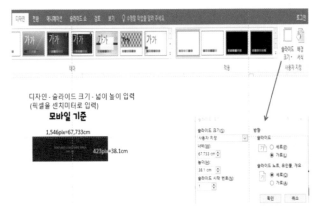

파워포인트 화면 설정

3) 가이드라인 파일 불러오기

바탕화면이 TV화면 크기로 설정되면 가이드라인 파일을 불러온다. 이때 중앙에 가로, 세로 점선을 확인한다. 점선이 없으면 메뉴→보기→안내선을 체크한다.

가이드라인 파일 불러오기

4) 가이드라인 안내선 그리기

가이드라인 파일을 바탕화면에 맞게 크기를 조정한다. 화면 밖에서 안내선 선택(십자가에서 두 줄로 바뀜)→마우스 누른 상태에서 이동한다. 다음 점선으로 된 안내선을 복제(컨트롤키+안내선 클릭)해서 스마트폰 사이즈에 맞게 가장 안쪽 사각형 틀을 만든다. 안내선을 이동, 복제할 때는 화면 밖에서만 작업이 가능하다.

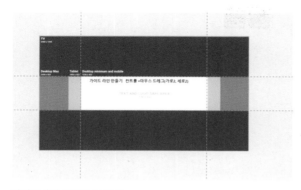

가이드라인 안내선 그리기

5) 가이드라인 파일 삭제하기

안내선을 확인한 다음 가이드라인 파일을 삭제하면 안내선만 남는다.

가이드라인 파일 삭제 후

6) 채널 아트 디자인하기

채널 아트로 사용하는 파일을 불러와 작업을 한다. 내용을 입력할 때는 사각형 안쪽에서 해야 스마트폰에서 안정적으로 보인다.

7) 그림 파일로 저장하기

파일을 저장하면 기본파일인 PPT로 저장되기 때문에 파일 형식을 그림 파일 형식인 jpg, png 형태로 저장한다.

채널 아트 디자인

채널 아트 디자인 완성

채널 아트 저장

8) 채널 아트 올리기

유튜브 로그인→내 채널→채널 아트→사진 업로드를 차례로 선택하여 저장된 파일을 등록한다.

채널 아트 등록

마지막으로 스마트폰과 PC에서 화면을 확인하고 필요한 경우 다시 수정한다. 채널 아트는 여러 가지 내용을 담기보다는 단순하면서도 명료해야 한다.

05 영상 제작에 도움이 되는
인터넷 사이트

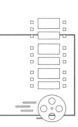

영상을 처음 시작할 때는 기본으로 제공하는 템플릿을 사용하지만 변화를 주고 싶을 때는 망고보드처럼 간단한 도구만으로도 작업할 수 있는 사이트를 활용하면 편리하다. 그렇지만 다른 채널과 차별화를 추구하고 직접 디자인을 하고 싶다면 사진, 일러스트, 아이콘, 폰트를 직접 선택해서 작업을 해보는 방법도 있다. 영상과 마찬가지로 처음부터 무리하지 말고 단계적으로 난이도를 조절할 필요가 있다.

템플릿과 폰트

▾ 망고보드 https://www.mangoboard.net/index.do

MANGO board   템플릿   사용가이드   사용자갤러리   요금제/저작권

쉬운 디자인 플랫폼, 망고보드. [무료로 시작하기]

누구나 디자이너가 된다.

망고보드

카드뉴스, 인포그래픽, 프레젠테이션, 포스터, 배너, 유튜브 썸네일 등 온라인, 모바일, 인쇄용까지 다양한 템플릿을 활용할 수 있다. 웹에서 직접 작업이 가능하며 무료에서 유료로 전환도 가능하다.

▼ 눈누 https://noonnu.cc/about

 추천폰트　모든폰트　소개　새소식

모든 폰트에 적용

눈누

폰트는 디자인의 기본 요소다. 상업적 용도로 사용 가능한지 저작권에 대한
정보를 담고 있어서 편리하게 사용할 수 있다.

사진과 이모티콘

▼ pixabay https://pixabay.com/ko/

pixzbay

저작권이 없는 사진 자료로 언제 어디서나 사용이 가능하다.

▾ freepik https://www.freepik.com/

freepik 사이트

일러스트, 벡터, 사진, PSD 및 아이콘 자료가 많다.

▾ flaticon https://www.flaticon.com/

flaticon

여러 가지 이모티콘을 다운받아 활용할 수 있다.

▾ Unsplash https://unsplash.com/

Unsplash

사진작가들이 등록하는 자료로 수준 높은 자료가 많다.

▼ vimeo https://vimeo.com

Vimeo 사이트

사용자가 직접 제작한 동영상을 업로드하고 공유하며 볼 수 있는 동영상 공유 웹사이트로 영상 제작 기법과 트렌드를 읽을 수 있다. 유료 사이트라 약간의 부담이 있다.

▼ Envato Market https://account.envato.com

Envato

WordPress 테마, 배경음악, After Effects 프로젝트 파일, 그래픽, 사진 등과 같은 디지털 제품에 로그인하여 구매하거나 판매할 수 있다.

자막 생성하기

▾ Vrew(https://vrew.voyagerx.com/ko/)

프로그램설치→파일→새 영상파일로 시작하기→음성인식 언어선택(한국어)→문자추출 의뢰→분석완료→화면자막완료

VREW

자막으로 영상을 편집하는 프로그램으로 튜토리얼이 함께 제공되고 있어 쉽게 익힐 수 있다. 음성을 인식한다. 영상 파일을 불러오면 자동으로 음성을 추출하여 음성 인식을 한다.

영상 편집을 문서 편집처럼 한다. 영상 내용을 한눈에 보며, 문서를 편집하듯 쉽고 간편하게 할 수 있다. 필요 없는 문장이나 잘못된 곳의 자막을 삭제하면 화면이 자동으로 편집된다.

자막을 수정, 보완한다. 설명한 내용이 잘못되었거나 보완해야 할 때 자막을 다시 생성할 수 있다. 또 중요한 키워드는 강조해서 보여준다.

속도감 있게 편집한다. 음성 없는 구간을 하나씩 수정하는 것이 아니라 한꺼번에 줄일수 있다. 그러므로 빠른 영상과 화면전환이 가능하다.

 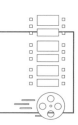

06 영상 보기

다르게 보기

요리를 잘하기 위해서는 맛있는 음식을 많이 먹어봐야 한다. 마찬가지로 영상을 잘 만들기 위해서는 많이 봐야 한다. 다른 사람이 만든 영상을 보다 보면 안목이 생긴다. 보는 방법도 여러 가지다.

첫 번째는 가벼운 마음으로 평소 보는 방법으로 재미있게 감상한다. 두 번째는 나눠서 본다. 영상을 구성하는 것은 화면과 소리다. 화면은 카메라로 찍어서 보여주는 모습이다. 카메라는 어디에서 찍었을까? 장소는 어디인가? 어떤 카메라로 찍었을까? 세분화해서 생각해 본다. 또 어떤 소리가 들리는지 소리의 종류는 무엇인지 살펴본다.

마지막으로 배경지식과 경험을 통해서 감상한다. 사람들은 성장과 환경이 모두 다르다. 또 관심사도 다르기 때문에 같은 영상을 보면서도 다르게 해석한다.

여기에서 멈추지 않고 정보를 탐색하고 다른 사람들과 대화를 하는 과정에서 새로운 모습을 찾을 수 있다.

지금까지 영상을 보는 시청자 입장이었다면 영상을 만드는 제작자가 되어보는 것이다. 곧바로 제작에 들어가지 않더라도 다른 시각에서 보면 새로운 장면을 발견한다.

그러므로 영상을 만들기 전에 영상을 분석해 보고 다양한 관점을 가질 필요가 있다. 이런 관점은 제작 과정에도 많은 도움이 된다.

채널 분석

1) 소셜블레이드

블레이드 사이트

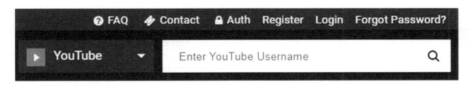

공블레이드 검색창

유튜브에서는 공식적으로 순위를 분석해서 공개하지 않는다. 그러나 소셜블레이드(https://socialblade.com/) 사이트는 유튜브 공용 API 자료를 집계해서 데이터를 생성한다. 이 사이트에서는 유튜브를 포함한 트위치, 트위터, 인스타그램, 페이스북처럼 각 SNS 랭킹, 구독자 수, 채널 유형, 시청자 수, 광고 예상 수입 등 다양한 통계 확인이 가능하다. 유튜브는 채널아이디를 입력하면 통계 자료를 확인할 수 있다.

2) 워칭투데이

워칭투데이

워칭투데이는(https://watchin.today/) 소셜블레이드 축소판으로 생각할 수 있을 정도로 정리가 잘 되어 있다. 콘텐츠 제작자, 소비자, 브랜드, 다중 채널 네트워크, 대행사 및 미디어 회사를 위한 분석 플랫폼으로 유튜브 순위, 국가, 카테고리에 대한 정보를 제공하고 있다. 실제로 유튜브 채널과 썸네일이 그대로 보이기 때문에 직관적이며 접근성이 뛰어나다.

3) cchart

cchart

국내 자료 분석사이트 중 대표적인 곳은 cchart(http://cchart.xyz/)다.

이 사이트는 채널을 카테고리별로 구분하고 인기 순위, 구독자, 조회 수, 동영상 등 채널 정보를 제공하고 있다. 또 실시간으로 바뀌는 정보를 업데이트하기 때문에 트렌드를 파악이 쉽다. 이것은 동영상을 분석하거나 제작하는 데 도움이 된다.

영상을 만들기 전에 사이트에서 채널을 분석하는 이유는 세 가지다.

첫째, 다양한 영역을 확인한다. 대부분 유튜브가 자동 추천해주거나 채널 안에서 제공되는 영상을 수동적으로 시청한다. 그렇지만 분석 사이트에서는 다양한 영역의 동영상을 만나기 때문에 선택의 폭이 넓어진다.

둘째, 채널 분석을 통해 영상의 흐름을 읽을 수 있다. 조회 수와 시청자의 관심도에 따라서 트렌드를 읽을 수 있고, 영역 안에서도 채널들을 서로 비교할 수 있다.

셋째, 제작 방향을 설정한다. 영상을 만들기 전 내가 만들고 싶은 채널이나 영상이 있는지 확인하고 있다면 중복되는 부분과 차별화할 부분은 무엇인지 선택할 수 있다. 잘 만들어진 콘텐츠가 있다면 힘들게 만들 필요가 없기 때문이다. 오히려 기존 영상에서 업그레이드 하거나 차별화 전략을 고민해 봐야 한다.

영상 분석

영상을 선택하는 기준은 사람마다 조금씩 다르다. 하지만 많은 사람들의 지지를 받기 위해서는 보편적인 기준을 생각해야 한다. 공통적인 기준은 형식과 내용, 그리고 창의성이다. 형식은 제작 방법에 대한 부분이며 내용은 전달하려는 정보를 의미한다. 마지막으로 창의성은 재미와 독창성을 나타낸다. 이 중에서도 가장 관심이 높은 것은 창의성이다. 비슷한 형식과 내용으로 만들어진 영상이나 콘텐츠라도 독특한 구성과 재미가 있으면 추천이나 조회 수가 월등히 높다.

영상을 보기 전 간단한 분석 기준을 만들어보자. 가장 쉬운 방법은 교사가 직접 분석 기준을 제공하는 것이다. 하지만 학생들이 분석 기준을 만드는 과정에서 소통과 협업이 이루어진다. 처음부터 분석 기준을 만들기가 어려운 경우 샘플을 제공한 다음 상황에 맞게 내용을 수정하도록 한다. 또 분석 기준 5개 중에서 2개만 제시해주고 빈칸을 채우는 과정도 필요하다.

분석은 영상을 잘게 나눠서 본다는 의미다. 처음부터 분석적으로 접근하기보다는 맥락을 읽고 난 다음 분석하는 방법도 있다. 기준을 정하지 않고 시청하면서 분석 기준을 만든 다음 보완하면서 완성한다.

영상 분석

제목			
영역		시간	
광고 종류		광고 형태	
형식	화면		
	소리		
내용	정보		
	구성		
창의성	재미		
	독창		

영상 분석

	점검 내용	
1	따라하면 나와 주변 사람에게 피해를 주는가?	
2	대화나 글에서 비속어나 욕설을 사용하는가?	
3	현금이나 상품권으로 댓글, 좋아요, 구독, 알림 설정을 유도하는가?	
4	개인정보를 노출하거나 초상권을 침해하는가?	
5	조회 수를 늘이기 위해서 조작, 댓글, 맞구독을 하는가?	
6	재미를 위해 비현실적인 내용으로 구성되었는가?	
7	어린이를 상업적으로 이용하지 않는가?	
8	빠른 편집, 불필요한 자막이 생각을 방해하는가?	
9	정확한 정보로 제작된 내용인가?	
10	영상의 댓글을 통해 방문자들의 반응을 확인했는가?	

▶ 07 기획

　미술 시간 종이 한 장을 나눠주고 "마음대로 그려 보세요." 하면 학생들은 고민한다. 생각이 많아질수록 시간은 흘러간다. 이럴 때는 눈앞에 당장 보이는 것, 내가 잘 알고 있는 것을 생각하면 쉽게 그릴 수 있다.

　영상을 만들 때 어떤 것을 만들까? 고민하다 보면 시작도 하기 전에 지친다. 평소에 관심이 있고 준비된 내용이 있다면 쉽게 접근할 수 있지만 아직 준비가 덜 되었다면 가장 잘 아는 것, 쉬운 것부터 시작해보자.

　생각을 영상으로 구체화하기 위해서는 먼저 글로 정리한다. 한마디로 설계도를 그리는 것이다. 설계도에는 '왜, 무엇을, 어떻게 만들 것인가?'에 대한 고민이 담겨야 한다. '왜?'는 목적이며, '무엇?'은 콘텐츠, '어떻게?'는 제작 방법에 대한 내용이다.

왜 만드는가?

　스마트폰을 가지고 있고 10분만 투자할 수 있다면 누구든지 영상을 만들 수 있다. 많은 사람들은 경험해보지 못한 일을 시작할 때 긴장을 하지만 하나씩 알아가는 순간 재미와 자신감이 붙는다. 운전하는 모든 사람도 초보 운전 시절이 있던 것처럼 전문가도 시간이 흐르면서 완성되는 것이다.

　영상을 만드는 것에 두 가지 의미를 부여할 수 있다.

　첫째, 이해와 소통 그리고 공감이다. 학생들은 영상 세대로 태어나면서부터 영상을 접하고 있으며, UCC 제작 경험이 풍부하다. 디바이스 기능과 활용에서는 학생들이 성인들보다 훨씬 쉽게 풀어가고 있다. 그러므로 제작 과정을 통해서 학생들의 활동을 이해하고 공감할 수 있다.

둘째는 새로운 도전이다. 많은 교사들이 영상 만드는 것을 어렵게 생각한다. 지금까지는 배운 적도 없고 필요성도 느끼지 못했다. 하지만 수업 자료들이 영상 중심으로 바뀌고 있다. 그러므로 직접 만들지 않더라도 영상에 대한 이해가 필요하며 경우에 따라서는 필요한 영상을 직접 제작해야만 하는 상황도 일어난다. 스마트폰 앱 하나면 제작부터 공유까지 가능하기 때문에 일단 시작해 보면 어려운 일이 아니라는 것을 새삼 느끼게 된다.

무엇을 만들 것인가?

요리를 한다면 무엇을 먼저 생각할까? 내가 혼자 먹을 것인가? 가족이나 친구들과 나눠 먹을 것인가? 앞으로 창업을 할 것인가? 여러 가지를 생각하게 된다. 또 재료는 어떤 것을 쓸까? 가족이 먹을 재료는 좋은 것을 사용하겠지만 식당을 한다면 경제성을 고려해야 한다. 하지만 처음부터 식당을 하기 위해 요리를 하는 사람은 드물다. 유튜브 영상도 마찬가지다. 채널을 개설하면서 구독자나 광고를 생각하는 건 우물에서 숭늉 찾는 격이다. 또 많은 공을 들여 만든 콘텐츠가 성공하지 못하면 경제적, 정신적인 타격을 입게 된다. 시작부터 무리하지 말고 하나씩 차근차근 시작하는 것이 중요하다.

먼저 개인 영상으로 시작하자. 스마트폰 폴더를 열면 사진이나 영상이 담겨있다. 차일피일 정리를 미루다 보면 언제 찍었는지 기억이 안 나는 사진들도 있다. 이것을 영상으로 만들어보자. 사진 중에는 결혼식, 돌잔치, 기념일 가족여행처럼 각종 가족행사 사진이 차곡차곡 쌓여있다. 뒤섞여 있으면 잡동사니가 되지만 영상으로 만들어서 올리면 가족의 역사가 된다. 또 멀리 있는 가족과 소통할 수 있는 이야깃거리가 된다. 또 학교생활 중 현장 학습이나 체육대회, 교직원 연수 사진도 영상으로 만들어 공유한다.

그 다음에는 공개 영상을 만들어보자. 직접 만든 수업 자료나 오랫동안 연구한 자료를 공유하고 싶을 때가 있다. 또 사람들에게 내가 가진 재능을 남들과 나누고 싶다. 대단한 것이 아니어도 된다. 취미나 여가와 관련된 것도 좋다. 나보다 경험이 부족하거나 알고 싶어 하는 사람들이 분명히 있다. 사소한 것이라도 사람들에게 도움이 되는 정보라면 관심과 지지를 받는다.

다만 콘텐츠를 등록할 때 주의해야 할 것은 공개, 미등록, 비공개를 반드시 설정해야 한다. 개인정보나 저작권 등 여러 가지를 고려해서 범위를 설정한다. 비공개 설정은 내 아이디로 로그인해야만 볼 수 있는 자료로 공유가 불가능하다. 그러므로 개인 콘텐츠는 되도록 미등록으로 설정한 다음 그 영상의 인터넷 주소를 공유하는 방식으로 사용한다. 공개 콘텐츠는 처음부터 많은 사람들이 볼 수 있도록 하는 데 목적이 있기 때문에 공개로 설정해야 한다. 그리고 제작 과정에서 저작권, 초상권, 사생활 침해 등도 고려해야 한다.

어떻게 만들 것인가?

수업지도안을 작성할 때 내용을 어떻게 구조화할 것인가를 고민한다. 다음으로 도입-전개-정리 및 평가 순으로 양식에 맞게 작성하기 때문에 지도안을 읽어보면 흐름 파악이 가능하다. 영상도 마찬가지다. 기획서 한 장으로 영상에 대한 설명이 가능하다. 기획서는 새롭게 작성하는 것보다 분석한 틀을 활용하는 것이 좋다. 학습목표가 평가되는 것처럼 유튜브 분석 틀을 활용해서 기획서를 작성하는 것이다. 진행 과정에서 조금씩 바뀔 수는 있으나 기획서는 꼭 필요한 것이다.

제작 방법도 다양하다. 스마트폰은 제조회사마다 기능이 다르고 카메라 종류도 많다. 촬영 기법이나 장비도 천차만별이다. 그렇지만 어떤 것이 좋고 나쁘다 단순하게 표현하기는 어렵다. 사용자마다 다르기 때문이다. 초보자라면 스마트폰이 적절하고 마이크나 조명의 특징을 안다면 전문가용 장비를 사용할 것이다. 고가의 장비를 초보자가 사용한다면 기능을 익히는 데 시간이 필요하고 예산도 낭비되지만 정작 중요한, 원하는 결과물을 만들지 못하고 역효과만 일어날 수 있다. 그렇다면 어떤 장비가 가장 좋을까? 내가 평소에 쉽게 사용할 수 있는 장비다. 처음에는 정보 검색도 해보고 다른 사람의 도움도 필요하겠지만 스스로 영상을 완성하는 것이다. 아무리 간단한 작업이라도 완성을 하게 되면 다음 단계에서는 조금 더 업그레이드 된 작품이 나오게 된다. 제작 환경은 완성을 위한 과정이지 목적은 아니다. 그러므로 어떻게 하면 쉽게 완성할 수 있을까를 생각한다.

유튜브 영상은 기획, 촬영, 편집, 완성, 공유 순서로 제작된다. 먼저 기획서를 완성해 보자.

기획

제목				
영역			시간	
준비물				
시청대상				
형식	화면			
	소리			
내용	정보			
	구성			
창의성	재미			
	독창			

영상의 흐름 구성

프롤로그	도입	전개	정리	에필로그

유튜브를 시작할 때 무엇을 할지 고민이라면 이런 설정을 만들어 보자.

첫째, 사람들의 관심을 가질 만한 것을 생각해 본다.

사소한 것이라도 꼭 필요한 것이 무엇일까? 글씨를 예쁘게 쓰는 방법, 유리창 사이 먼지 제거하는 방법, 플라스틱 컵 재활용은 많은 사람들이 관심을 가질 수 있는 내용이다. 생활에 꼭 필요한 것, 혹은 불편했던 것을 만들어 보는 것이다.

둘째, 다른 사람이 해보고 싶었던 것을 만들어 준다.

평소에 가고 싶었던 여행지, 먹고 싶었던 음식, 만들고 싶었던 장난감 등은 사람들에게 대리만족을 줄 수 있다.

셋째, 나누고 합친다.

잘나가는 콘텐츠를 나눠보는 것이다. 맛집이라고 해도 모두가 만족할 수는 없다. 어린이를 위한 맛집, 청소년을 위한 맛집, 어르신을 위한 맛집을 구분해 본다. 장난감도 마찬가지다. 연령대별로 나누다 보면 새로운 영역이 만들어진다. 이와는 반대로 합쳐볼 수도 있다. ASMR이 인기가 있다면 여러 동물 울음소리를 합성해서 음악을 만들 수도 있고 자연의 소리와 기계음을 합성해서 새로운 소리를 만들 수도 있다. 또 기존의 소리를 다른 소리로 대체함으로써 고정관념을 깨는 방법도 있다.

넷째, 형식과 내용에서 화면을 바꿔본다.

유튜브는 혼자서 작업하는 경우가 많기 때문에 어려움이 많다. 촬영부터 편집 업로드까지 한다. 그러다 보니 화면은 항상 고정되어 있다. 고정된 화면은 지루하거나 거부감이 생긴다. 조금만 더 신경 써서 카메라를 2대 쓰면 전체 화면과 클로즈업 화면을 번갈아 보여주고 시선도 번갈아서 보여준다면 한결 여유롭게 느껴진다. 또 여기에 자막과 효과를 조금 더 추가하면 재미있는 장면을 연출할 수 있다.

다섯째, 스토리를 입혀본다.

대부분 영상은 정보 전달로 직설적인 구성으로 되어있다. 설명 중심으로 단순하게 구성되어 있지만 시간이 지날수록 감성적이거나 재미있는 요소를 찾을 것이다. 다른 영상과 차별화를 위해서 스토리텔링 하는 방법도 있다.

여섯째, 핵심 내용을 먼저 보여준다.

영상의 구조는 기-승-전-결로 이루어진다. 여유가 있다면 천천히 감상하겠지만 사람들은 기다려 주지 않는다. 시청자의 관심을 끌기 위해서 핵심이나 결과를 먼저 주고 영상을 이어갈 필요가 있다. 그러므로 결-기-승-전-결 구성으로 만드는 것이 유리하다.

촬영 팁

조명

촬영용 조명이 없다면 공부할 때 사용하는 스탠드 조명이나 스마트폰 조명으로도 효과를 볼 수 있다.

빛이 강하다면 화장지를 덧붙여 조절한다.

조명 밝기를 조절하는 반사판은 주방용 호일을 사용한다.

조명에 안경이 비치는걸 확인하고 문제가 있으면 위치를 조정한다.

프레임

몸을 날씬하게 보이기 위해서는 15도 정로 옆으로 돌려 앉는다.

자막이나 편집을 생각해서 프레임 공간을 생각하고 촬영한다.

노즈룸, 리드룸, 해드룸처럼 인물의 공간을 만들어 준다.

화면 사이즈를 다양하게 보여주고 싶다면 카메라 해상도를 최대한 높여서 풀샷으로 촬영한 다음 편집할 때 풀샷, 미디엄샷, 클로즈업으로 편집한다.

동영상 촬영 중 자동초점은 흔들리기 때문에 초점을 고정시키고(잠금) 촬영한다. 아이폰에는 수동초점 기능이 있다.

스마트폰으로 촬영할 때 카메라 렌즈를 깨끗이 닦은 후에 촬영한다.

촬영할 때 채널을 소개하는 키워드나 채널 소개 액자, POP 글씨, 진행자의 명찰, 캘리그라피 소품 등을 사용하면 홍보 효과를 높일 수 있다.

사운드

핀 마이크를 사용하는 경우 입과 일직선이 되게 하며 입과 최대한 가까이에 둔다.

마이크를 옷에 고정시킬 때 옷핀이나 자석을 활용한다.

스마트폰에 마이크를 연결할 때는 폰케이스를 분리한 다음 연결해야 잭이 정확하게 연결된다.

녹음할 때 비읍, 피읖 발음에 주의하며 발음에 잡음이 생길 경우 마이크에 화장지나 수건을 덮고 녹음을 한다.

기타

삼각대의 다리 중 하나는 촬영자와 마주 보게 하면 넘어질 확률이 적고 장비를 안전하게 관리할 수 있다.

대사가 꼬이거나 NG가 났을 때 1초 정도 멈춘 후에 틀린 부분부터 이어서 촬영하면 편집할 때 화면을 자연스럽게 이어갈 수 있다.

스마트폰 녹화버튼을 직접 누르지 않고 블루투스 리모컨을 사용하거나 음성 촬영 기능을 사용하면 편리하다.

편집점을 위해 녹화 시작 전, 후에 3초 여백을 둔다.

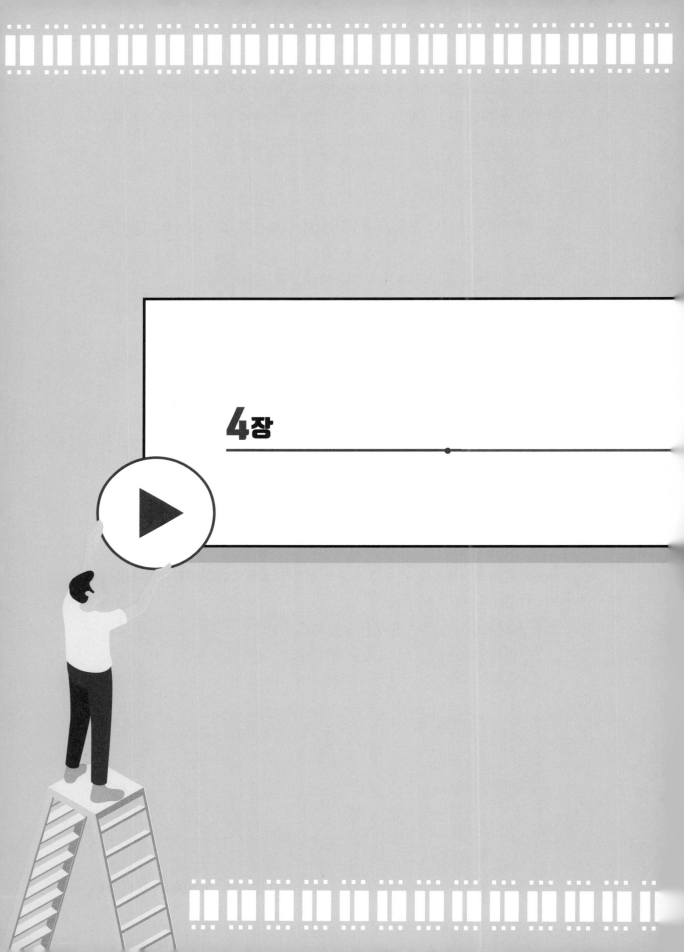

4장

유튜브
활용 진로교육

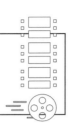

01 수업 개요

유튜브를 통해 진로교육을 하는 이유는 학생들이 설계한 진로탐색 및 진로 계획에 대한 내용을 명확하게 표현하기 위한 것이다. 최근에는 다양하게 진로 교육이 이루어지고 있다. 진로교육에서 중요한 것은 자신에 대해서 명확하게 아는 것이다. 그러한 고민 없이 직업체험만 하는 것은 흥미와 적성만 찾아보 게 되고 결국 나에게 적합한 진로영역이 무엇인지 알 수 없게 된다. 구체적으로 자신에 대해서 알아가는 과정이 필요하다. 그래서 유튜브 진로교육은 육하 원칙을 이용하여 스스로에 대한 질문을 통해 답을 찾아가는 과정으로 구성되 었다. 또한 학생이 스스로 자신이 좋아하는 것을 확인하고 미래에 대해 생각 할 수 있도록 직업·진로교육과 연계되었다.

누가	언제	어디서	무엇을	어떻게
부모님	초등	학교	무엇을 좋아하니?	내 성격에 어떤 직업이 맞을까?
나	중학	집	흥미로 접근	인생에 어떻게 할 것인가?
친구	고등	지역 사회	흥미, 관점, 사랑	일하는 방식, 성격
멘토	대학 등	전국 및 세계	구체적으로 이해	추상적으로 이해-〉구체적으로 이해

진로교육은 '나를 찾아 가는 과정'이다. 진로교육에서 가치관을 갖게 되는데 'SELF'라는 것에 대한 이해와 확인이다. 보통 사람들은 자신에 대해서 잘 알고 있다고 생각하지만 보통은 본인이 알고 있는 '나'와 상대방이 보고 있는 '나'는 굉장히 다른 경우가 많다. 오히려 타인이 바라보는 것이 정확할 때가 더 많다. "나를 알고 적을 알면 백전백승-지피지기 백전백승"이라는 말이 있듯이 나에 대해서 정확하게 알아야 한다.

어떠한 진로검사가 나왔다 하더라도 '내 마음'에 들지 않으면 필요가 없다. 내 마음에 진로가 어떤 것들을 원하는지 자연스럽게 알아야 그 결과도 수용적으로 받아들이게 된다. 섀넌 알더(Shannon L. Alder)는 "인생의 가장 큰 후회 중 하나는 스스로 원하는 사람이 아닌 다른 사람이 원하는 사람이 되는 것이다." 라고 하였다. 그만큼 다른 사람이 원하는 것이 아니라 내가 원하는 것이 무엇인지 아는 것이 가장 중요하다.

학생들이 자신에 대해서 알아가는 과정을 통해 자신의 장점과 단점을 파악하고, 자신이 진정 좋아하는 것, 미래의 모습을 설계할 수 있도록 하였다.

나 되기	나 아닌 것 되기
셀프 "너 자신을 알라" -소크라테스 타인에 관해 여러 가지를 알고 있는 사람은 박식한 것이지만, 자신에 관한 것을 잘 알고 있는 사람은 지혜로운 사람이다. -노자	마음 나의 마음이 가는 것 내가 사랑하고 좋아하는 것
진로교육: 나를 찾아가는 과정 정답을 좁히기 성격, 가치관	진로교육: 나를 확장하는 과정 정답을 넓히기 흥미, 사랑

과정 및 차시		차시명	내용
1 과정	1	나의 장점 찾기 (거울 속에 비친 나)	내가 좋아하는 것 찾기 내가 싫어하는 것 찾기 내가 아닌 것 찾기 내가 잘하는 것 찾기
	2~3	강점 나무 만들기	내가 잘하는 것 표현 내가 좋아 하는 것 구체적으로 표현 다른 사람이 바라보는 나 찾기 내가 자랑하고 싶은 것 친구의 장점 표현하기
2 과정	4	다양한 영상 촬영 기법 익히기	촬영앵글 스마트폰 앱을 활용한 다양한 촬영 기법
	5~6	동영상 편집 프로그램 익히기	동영상 편집 프로그램의 구성 및 기능 익히기 동영상 편집 프로그램 실습
	7	영상 골라 보기	좋아하는 영상의 조건 광고 영상과 인물 영상 구분하기 좋은 영상 고르는 방법 찾아보기
3 과정	8	롤모델 찾아 표현하기	내가 좋아하는 사람 내가 존경하는 인물 존경하는 인물의 업적과 명언 찾고 의미 해석
	9	좋아하는 직업 찾기	미래의 유망 직종 살펴보기 내가 원하는 직업 확인 미래의 유망 직종 중 내가 관심 있어하는 부분 찾기
	10 ~ 12	사각형의 나의 미래	사각형으로 떠오르는 것 표현 사각형 속의 나의 미래 표현 미래의 나의 명함 작성
		미래 약속 나무	나의 미래의 모습을 나무로 표현하기 나의 미래 모습 확인하기 나의 미래 모습에 편지 보내기
4 과정	13~14	스토리 및 스토리보드 작성	진로계획 및 미래의 모습 스토리 작성 스토리보드 작성
	15~16	영상 편집 및 제작	파워포인트 문서 만들기 영상으로 제작하기 자막, 음성 넣어 편집하기
5 과정	17	설명하기 & 나누기	나의 미래 직업에 대해 소개하기 친구의 미래 직업에 대해 들어보기 미래의 모습의 실천사례 나누기

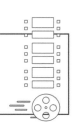

02 1 과정: 나에 대해 잘 알기

1~2차시. 거울 속에 비친 나, 나의 장점 찾기

'거울 속의 비친 나'는 나 자신을 객관적으로 바라보는 것이다. 내가 좋아하는 것, 내가 싫어하는 것을 표현해보고 나에 대해서 객관적으로 바라보는 시간을 갖는 것이다.

내가 생각하는 행복에 대한 질문을 통해 행복에 대해서 생각해 본다. 행복에 대해서 생각하는 것은 나의 삶에서 어떠한 것이 행복인지 구체적으로 생각해 본다. 이것은 진로·직업교육에서 '나의 목적'과 밀접한 관계가 있다.

거울에 비친 나의 모습을 보면서 나의 장점과 내면을 발견한다. 거울에 비친 나의 모습은, 내가 나의 장점과 단점과 나의 내면을 살펴보고 앞으로도 계속 답을 찾아가는 과정이다. 즉, 내가 정말 좋아하는 것인가? 좋아하는 것이지만 내가 목표에 도달할 수 있을까? 나의 능력으로 목표에 도달할 수 있는지를 끊임없이 물어보는 기초 단계이다.

장점(長點)을 사전에서 찾아보면 "좋거나 잘하거나 긍정적인 점"이란 의미를 가지고 있다. 나의 장점 찾기는 내가 좋아하는 것, 내가 싫어하는 것, 내가 잘하는 것, 내가 못하는 것, 내가 아닌 것 찾아보기를 통해서 나의 장점을 어떻게 개발할 수 있는지를 살펴보는 시간이다. 단점을 찾기보다는 어떻게 해야 자신의 장점을 긍정적으로 발전시킬 수 있는지 구체적으로 설계할 수 있다.

거울 속의 비친 나

1. 행복한 삶을 살기 위해 나를 바르게 알고 이해하는 것이 중요하다. 내가 생각하는 행복은 무엇인지 구체적으로 작성해 보자.

> 내가 생각하는 행복이란 (　)이다.
>
> 왜냐하면 (　　　　　　　　　　)이기 때문이다.

2. 거울을 보며 다른 사람이 바라보는 나를 표현해 보자. 친구에게 나에 대해서 표현하도록 해 보자.

3. 나의 모습 정리하여 이야기를 써 보세요.

구분	좋은 점	보완해야 할 점
용모		
건강		
잘하는 것		
관심 있는 것		
대인관계		
취미		
만들기		

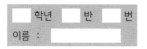

나의 장점 찾기

1. 진로(Career)의 어원은 '수레가 길을 따라 굴러간다(To roll along on wheels)'는 Carro에서 유래된 것이다. 개인의 생에 (직업발달)과 그 과정 내용을 이루어 나가는 일이다. 직업이란 (경제적 소득)을 얻거나 사회적 가치를 이루기 위해 참여하는 계속적인 활동이다.

2. 내가 좋아하는 것, 싫어하는 것 표현해 봅시다.

내가 좋아하는 것	내가 싫어하는 것

3. 내가 잘하는 것, 못하는 것을 찾아 구체적으로 표현해 봅시다.

내가 잘하는 것	내가 못하는 것

4. 내가 아닌 것 찾아 표시해 봅시다.

내가 아닌 것 찾아보기		
	내가 아닌 것	

3차시. 강점 나무 만들기

　강점 나무 만들기는 진로교육의 기본적인 단계인 자아 이해 단계이다. 자기 자신을 소중하게 생각하고 자신의 장점을 알고 있는지 생각해 보는 활동이다.

　학생들은 의외로 자신의 장점과 단점을 잘 모르고 오히려 장점을 약점으로 생각하는 경우가 많다. 따라서 평소 학생들의 생활 모습을 세심하게 관찰하면서 자신의 모습 그대로를 긍정적으로 받아들일 수 있는 태도를 갖게 하는 것이 매우 중요하다. 학생들이 친구의 단점을 부각시키거나 단점만을 반복적으로 이야기하면 대상 학생은 자존감이 낮아져 활동에 참여하기 어렵게 된다. 따라서 사전에 친구들의 장점을 칭찬해주고 응원해주는 자세를 안내해야 한다.

　약점(弱點)을 사전에서 찾아보면 모자라서 남에게 뒤떨어지거나 떳떳하지 못한 점을 의미한다. 그러나 진로교육에서는 사전에서처럼 '떳떳하지 못한 점'으로 해석하기보다는 노력해서 바꿀 수 있는 도전(challenge)으로 안내하는 것이 좋다. 또한 약점을 장점으로 바꿀 수 있는 기회는 많으며, 바꾸기 위한 전략과 노력이 필요함을 알도록 한다.

1. 내가 좋아하는 것을 생각해 보고 작성해 봅시다.

내가 좋아하는 것	이유

2. 나의 강점들을 그릇에 담아 표현해 봅시다.

3. 나의 약점을 강점으로 바꾸어 표현해 봅시다.

약점	강점

4. 나무에 강점 열매를 달아 구체적으로 표현해 봅시다.

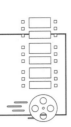

03 2과정: 동영상 편집, 제작 연습

스마트폰으로 촬영할 때 기본 카메라 앱을 이용할 수도 있지만 여러 가지 촬영 앱을 이용하면 다양한 효과를 얻을 수 있다. 그러나 여러 가지 효과를 사용하려면 유료로 사용해야 한다.

비바 앱

VivaVideo(비바비디오)는 동영상 편집기로, 동영상 편집 및 슬라이드쇼 제작이 가능하다. 필터, 자막, 스티커, 가속, 감속, 음악, 장면 전환, 클립 편집, 더빙 등 다양한 기능이 제공된다. b612, 스노우와 같이 얼굴 인식 스티커를 제공하며 구닥, 캔디 필름, 푸디, 아날로그 필름 같이 다양한 필터를 무료로 이용할 수 있다. 여러 가지 효과를 동영상에 적용하여 사용할 수 있다. 동영상 편집 앱이 유료인 경우가 있기 때문에 잘 확인하고 사용해야 한다.

파워포인트를 이용하여 손쉽게 동영상 만드는 것은 앞의 장을 참고하면 된다. 누구든지 손쉽게 만들 수 있으며 단지 파워포인트의 버전에 따라 지원되는 범위가 다르니 꼭 확인하도록 한다. 가능한 최근의 파워프인트로 업그레이드를 하여 작업하는 것을 권장한다.

(1) 미래 명함에 들어갈 내용을 파워포인트로 작성한다.

파워포인트 내용 작성

(2) 음성을 알맞게 넣고 애니메이션 효과를 추가한다.

(3) 화면전환 효과와 시간 설정을 한 후 동영상으로 저장한다.

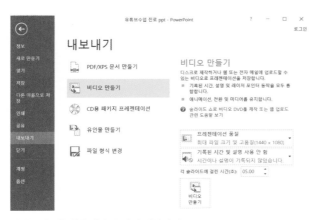

파워포인트를 활용하여 동영상 내보내기

내보내기→비디오 만들기를 차례로 클릭하면 된다. 주의해야 할 점은 프레젠테이션 품질을 선택하는 것이다. 기록된 시간 및 설명을 읽고 설정하면 된다. 품질은 1440×1080을 권장한다. 기록된 시간은 3초에서 5초 사이로 본인이 전달하려는 내용의 시간에 따라 조절하면 된다.

7차시. 영상 골라 보기

유튜브에 접속할 때마다 추천 영상들이 조금씩 달라지는데 그동안 내가 시청한 영상과 관련 있는 영상이라든지 비슷한 장르에 인기 있는 영상, 구독하고 있는 채널에서 새롭게 업로드된 영상을 제시한다.

진로교육 · 직업교육과 관련된 영상들을 찾을 때 검색어를 잘 입력해야 한다. 진로교육으로 검색하게 되면 진로교육에 대한 애니메이션과 교육부에서 제작한 동영상들이 제시된다.

스티브 스필버그, 김연아, 셰프 등에 관한 내용도 함께 제시되는데 꿈을 이룬 사람들에 대한 동영상도 찾아 시청할 것을 권장한다. 또한 진로교육의 중요성, 덴마크 사례 등도 제시되고 있다.

미래의 명함 만들기라고 검색하여도 여러 가지 동영상이 제시된다. 이와 관련하여 미래에 사라질 직업들도 같이 제시되는데 미래의 일을 정확하게 맞힐 수는 없지만 미래의 일을 예측하고 준비하는 것은 꼭 필요하다.

유튜부애 진로 관련 영상 검색 결과

좋은 영상 찾기

1. 좋아하는 영상을 설명해 봅시다.

영상 제목	내용	생각

2. 내가 존경하는 인물에 대해서 시청하고 그 내용과 나의 생각을 작성해 봅시다.

영상 제목	내용	생각

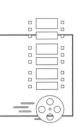

04 3과정:
진로, 적성 찾기

8차시. 롤모델 찾아 표현하기

교내에서 학생들에게 존경하는 인물에 대해서 조사해 보니 부모님, 세종대왕, 이순신, 선생님, 유관순, 스티브 잡스, 운동선수 등이 나왔다. 존경하는 인물 학습을 통해서 인물의 직업의식을 본받음으로써 진로 가치관을 올바르게 형성할 수 있도록 안내하여야 한다. 롤모델 찾아 표현하기 활동은 다음과 같은 활동과 연계할 수 있다.

- 인물의 활동 시대 상황과 인물을 연결하기
- 인물과 같은 상황에 자신을 대입하기
- 발표된 인물의 내용을 토대로 자신과 같은 점, 받아들이고 싶은 활동과 생각 등을 정리하고 그와 비슷한 자신의 미래 모습을 그려보기
- 자신의 미래상을 생각하며 미래의 자신에게 카드 쓰기

롤모델을 찾을 때는 책이나 동영상을 통해서 찾을 수 있으며 주인공의 모습이나 줄거리 또는 느낀 점을 자연스럽게 표현하도록 한다. 중요한 내용이나 인상 깊었던 부분을 더 부각하여 자신의 롤모델을 찾을 수 있도록 한다. 구체적으로 꿈을 이룬 사람들을 찾아 이유 살펴보기, 성공하기까지 과정, 실패했던 내용, 꿈을 이룬 사람의 마음과 자세를 살펴본다. 특히 인물에 대해서 좀 더 알아보기를 통해 내가 닮고자 하는 인물을 분석하여 내 것으로 만드는 것이 중요하다.

롤모델 찾아 표현

1. 꿈을 이룬 사람의 이야기를 듣고 내가 좋아하는 사람을 쓰고 이유를 설명하세요.

내가 생각하는 행복이란 ( )이다.

왜냐하면 (   )이기 때문이다.

좋아하는 사람	이유
내가 좋아하는 사람은 (스필버그)이다.	꿈을 이룬 사람_스티븐 스필버그 이야기

2. 내가 존경하는 인물에 대해서 구체적으로 알아봅시다.

분	내용
이름	
태어난 곳	
남긴 말	
주요 업적	
대인관계	
취미	
추가	

3. 내가 존경하는 인물에 대해서 글과 그림으로 표현하고 친구에게 설명해 보세요.

좋아하는 직업 찾기는 나의 적성에 맞고 내가 진정 하고 싶은 것을 직업으로 찾는 활동이다. 미래의 직업에 대한 자료를 찾아보고 미래의 모습에 어울리는 직업을 찾는 활동이기도 하다. 좋아하는 직업을 찾기 위해서는 선택 기준을 정리해야 하는데, 학생들이 이해하기 쉽도록 Holland의 6가지 유형으로 현실형, 탐구형, 예술형, 사회형, 진취형, 관습형을 안내해 주었다. ①머리로 하는 일, ②몸으로 하는 일, ③같이 하는 일, ④경제적 안전을 위해 하는 일에 대한 자기 이해가 필요하다. 이렇게 크게 4가지로 나누었으며 나누면서 학생들이 집중적으로 보아야 하는 것은 직업이 아니라 그와 관련된 역량은 무엇이고 어떻게 키워야 하는지에 대한 설계이다.

머리로 하는 일은 교수, 연구원 등이 해당된다. 머리를 사용해서 하는 일은 집중력과 끈기를 요하는 직업군이다.

몸으로 하는 일은 운동선수, 문화재 발굴원, 생산직 근로자, 자동차 정비 등의 기능직이 해당된다. 몸으로 하는 일은 신체가 건강하며 몸을 부지런히 사용해야 한다.

같이 하는 일은 방송인, 광고인, 기자, 설계, 연기자, 소방관 등이 해당된다. 혼자만의 특출한 능력보다는 사람과 소통하는 능력이 중요하다.

경제적 안전을 위해 하는 일은 공무원, 은행원, 변호사, 회계사, 외환거래원 등이다. 평균소득이 안정적인 직업을 원하는 사람들이다.

학생들은 이러한 일에 대한 자기 이해가 필요한데 구체적으로 알지 못하고 부모님 또는 어른들이 흔히 하는 직업에 대해 그대로 수용하는 경우가 많다. 예를 들면 "공무원이 좋다던데요."처럼 말이다. 구체적으로 직업을 살펴보는 것만으로도 학생들에게 자신을 돌아보고 직업을 생각해보는 의미 있는 시간이 된다.

좋아하는 직업 찾기

1. 내가 좋아하는 직종을 찾아 설명해 봅시다.

직업	특징	이유

2. 미래의 유망한 직종을 찾아 설명해 봅시다.

직업	특징	이유

진로교육 목표 체계에 따르면 1단계는 자아 이해와 사회적 역량 개발, 2단계는 일과 직업의 세계의 이해, 3단계는 진로탐색, 4단계는 진로 디자인과 준비이다. 이에 올바른 자아와 일과 직업의 세계를 이해하고 다양한 진로탐색 활동을 통하여 미래에 어떤 직업을 가져보면 좋을지 구체적으로 생각하는 시간이 필요하다.

학교에서의 진로 디자인은 단지 장래 희망에 대해서 계획하는 것으로 끝나면 안 된다. 학생들이 진로를 계획하는 모든 과정을 통하여 여러 가지 문제 상황에서 의견을 조율하고 합리적인 의사결정을 내려 함께 계획하는 일의 중요성을 알고 실천하는 태도를 기르는 것으로 진행해야 한다. 아무리 좋은 계획도 다른 사람과 협의하지 못하고 실천하지 못하면 계획으로만 끝나버리기 때문이다. '사각형의 나의 미래' 활동은 마지막 단계인 진로 디자인 영역에 속하며 장래 희망에 대한 계획을 세우고 어떻게 구체적으로 실천할 것에 대한 기초 자료가 된다. 활동을 위해서는 명함에 대한 예시를 먼저 보여주고 학생들이 자료를 참고하여 활동을 할 수 있도록 안내한다.

미래의 약속 나무는 단체 생활을 위한 약속을 찾아보고 실천하는 의지를 열매에 그려서 꾸미는 활동이며 진로활동과 융합하여 바람직한 미래의 모습을 설계하고 표현하는 활동이다. 학생들은 미래에 바람직한 모습으로 성장하기 위한 기본적인 약속들 생각하고, 약속 내용을 열매에 그린 후 기록하고, 각자 꾸민 열매 모양을 잘라서 미래 약속 나무에 붙이고, 친구들과 열매를 보면서 바람직한 미래의 모습을 위해 노력하겠다고 다짐한다.

사각형 나의 미래

학년 | 반 | 번
이름 :

1. 나의 미래의 모습을 생각해 보고 명함 안에 내용을 작성해 봅시다.

직업:

이름:

연락처:

하는 일:

2. 나의 미래의 모습을 생각해 보고 미래의 나의 모습을 그림으로 그려 봅시다.

직업:

이름:

연락처:

하는 일:

사각형 나의 미래

□ 학년 □ 반 □ 번
이름 :

1. 기본적인 약속들을 생각하여 작성해 봅시다.

_____

교실에서:

집에서:

_____

2. 미래의 바람직한 모습으로 성장하기 위한 약속들 생각하여 작성해 봅시다.

_____

교실에서:

집에서:

_____

05 4과정: 콘텐츠 창작

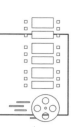

13~14차시. 스토리보드 작성

스토리를 구상하기에 앞서, 영상을 통해 자신의 메시지를 전하기 위해 적합한 소재와 장르를 선정할 것인지, 누구에게 보여줄 것인지, 어떻게 촬영을 하고 후반 작업을 할 것인지, 이러한 줄기들을 구체화하는 과정들을 통틀어 기획 단계라고 한다. 다음 세 가지를 정하는 것이 중요하다.

첫째, 무엇을 만들 것인가를 정한다. 진로에 대해 자신이 가장 하고 싶었던 이야기가 무엇인지, 20년, 30년 후 내가 잘하는 것은 무엇인지를 떠올려보고 설정한다.

둘째, 왜 영상을 만들려고 하는가를 생각한다. 진로에 대한 나의 생각을 친구들에게 소개, 나의 진로 설계를 구체적으로 설정하기 위해 목적을 정한다.

셋째, 어떻게 만들 것인가를 정한다. 인터뷰가 포함된 뉴스 형식, 드라마나 뮤직비디오, 문자형, 사진형, 비주얼 씽킹, 그림을 그리는 스톱모션으로 만들수도 있다. 즉, 어떤 방법으로 주제를 표현하면 효과적일지를 생각한다.

기획 단계가 끝나면 스토리를 구상하고 스토리보드를 작성한다. 보는 이를 설득하기 위한 스토리는 너무 길지 않고 주제가 명료하게 드러나는 것이 좋다. 스토리와 대사를 다 썼으면 장면마다 알맞은 자막과 효과음, 배경음악 등을 어떻게 넣을 것인지 스토리보드에 적는다. 배경음악도 저작권이 있기 때문에 유튜브에서 제공되는 무료 음원을 사용할 것을 권장한다. 촬영 단계에서 스토리보드는 중요한 안내도가 되므로 최대한 자세하게 적는 것이 좋다.

* 미래의 나의 모습 이야기를 구상해 봅시다.

제 목			
작 성 자		작 성 일	
준비물품			
기획의도	목 적		
	대 상		
	유 형		
내 용	스 토 리 (줄거리)		
	구 성		

* 구상한 이야기를 어떻게 나타낼 것인지 스토리보드에 작성해 봅시다.

장면 번호	영 상	음향 및 효과	대 사
1			
2			
3			
4			

　　동영상 제작 및 편집에서 편집 프로그램은 한 가지를 잘 활용하는 것이 좋다. 1가지 프로그램(앱)을 잘 활용하여 만들며 다른 프로그램들 중에 좋은 것만 출력하여 자신이 주로 사용하는 프로그램에서 편집하면 된다. 여러 가지 프로그램을 잘 활용하면 좋겠지만 여러 가지 프로그램을 잘 활용하려면 시간이 너무 많이 걸리기 때문에 그 시간에 내용을 알차게 편집하는 것이 더 중요하다.

①　　　　　　　　　　②　　　　　　　　　　③

　　편집은 동영상의 꽃이라고 할 수 있다. 여러 가지 촬영한 자료들을 어떻게 배열하고 수집하느냐에 따라 스토리가 전혀 다르게 나타난다. 사과를 소재로 한 그림을 보자 ①-②-③의 순서로 진행이 되면 ① 아들이 밖에서 사과를 친구에게 받아와 엄마에게 이야기하고, ② 엄마가 먹어도 된다고 하여, ③ 아들이 먹으려고 흐뭇하게 웃고 있다. 그러나 순서를 바꾸면 이야기가 전혀 다르게 된다. ③ 아들이 먹으려고 흐뭇하게 웃고 있다. ① 엄마가 걱정되어 사과가 어디서 났는지 물어본다. 아들이 밖에서 사과를 친구에게 받아 왔다고 한다. ② 엄마가 의심이 되니 사과를 먹지 말라고 한다.

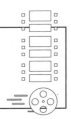

06 5과정: 공유와 설명

17차시. 설명하기 및 나누기

동영상 공유는 깊은 정서적 공감을 통해 사회 변화를 이끌어낼 수 있다. 교육과정과 연계해서 나눔 프로젝트를 진행하는 데에도 유튜브를 활용할 수 있다. 자신의 진로나 미래의 모습에 대해서 설명하는 동영상을 친구들과 함께 나누는 것에는 큰 의미가 있다.

동영상을 설명할 때 동영상을 먼저 시청하고 나서 자신의 미래에 대한 명함을 보여주고 설명하면 다른 사람들을 쉽게 이해시킬 수 있다. 주의해야 할 점은 학생들이 비슷한 내용을 다루고 있어서 자칫 발표 내용이 지루해질 수 있기 때문에 비슷한 직업 영역이나 진로 등을 묶어서 발표하도록 하는 것도 좋은 방식이다.

비슷한 직업 영역이나 진로 등을 묶어서 모둠을 만들어 주어서 그 안에서 자유롭게 이야기를 하도록 한다. 이때에 영상을 같이 보거나 미래 명함을 제시하고 느낌이나 생각을 함께 나누면 된다. 이 활동에서 주의해야 할 점은 무조건 비판하거나 놀리는 등의 행동을 보이면 모둠 활동이 깨지게 된다는 것이다. 사전에 남을 무조건 비판하거나 놀리지 않도록 에티켓 교육이 필요하다.

유튜브로 하나씩 문을 열어가는 과정

학생들에게 진로교육을 위해서 무조건 많은 양의 정보를 탐색한다든지 지나

치게 입시 위주의 정보를 탐색하게 하는 것은 좋지 않다. 진로교육의 목표는 자신과 일에 대한 이해와 긍정적 가치를 형성하고 다양한 진로 탐색과 체험을 바탕으로, 자신의 꿈을 찾고 진로를 설계할 수 있는 진로개발 역량의 기초를 배양하는 데 있다.

아이들 스스로가 자신의 꿈을 찾을 수 있도록 그 역량을 키우는 것이 중요하고 그러기 위해서는 학부모와 선생님들이 적극적으로 아이들과 소통하는 중요하다. "너는 앞으로 무엇이 될래?"보다는 "너는 좋아하는 것들을 어떻게 표현 할래?", "너는 좋아하는 것들을 가지고 다른 사람들에게 어떻게 나눌래?"라는 질문이 학생들로 하여금 구체적으로 직업/진로에 대해서 설계하는 계기를 만들어준다.

"좋아하는 일을 하다 보니 하나씩 문이 열렸어요."라고 말하는 일러스트레이터 밥장의 말처럼 학생들이 스스로 좋아하는 일을 찾아 행하고 그것들을 나누는 작업이 진정한 의미의 직업/진로교육의 목표일 것 같다.

유튜브를 통해 학생들은 자신의 내면세계를 영상이라는 매체를 통해 표현하게 된다. 학생들에게 '표현하는 것'은 그 자체로 자신을 찾아가는 과정이라고 할 수 있다.

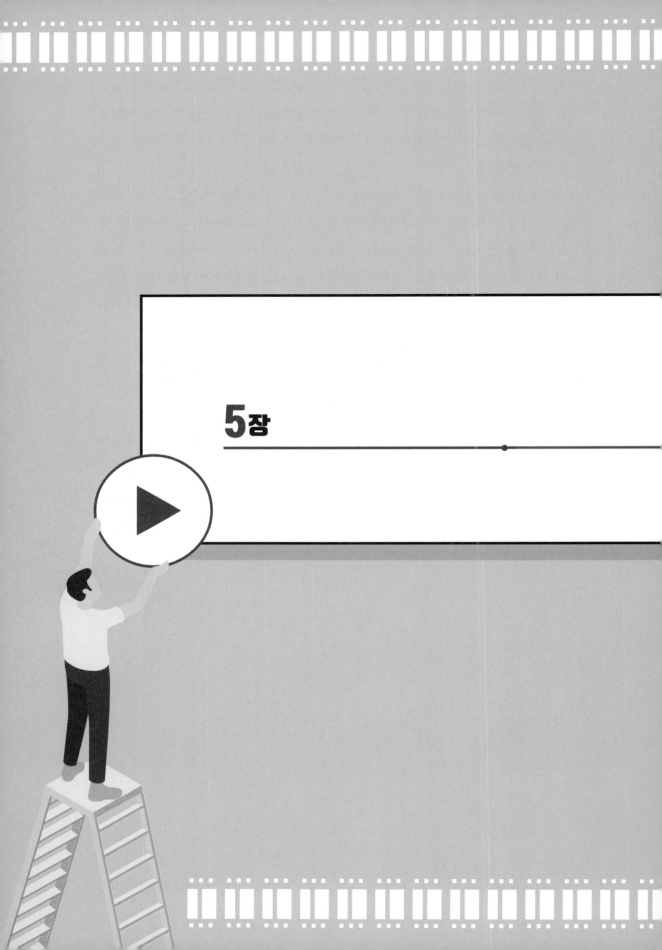

5장

유튜브로 하는 민주시민교육

01 수업 개요

과정	차시	차시명	내용
1과정	1	우리는 유튜브 시민	나에게 유튜브란? 사람들이 유튜브에 모이는 이유 유튜브 시민들에게 필요한 것
	2	신고하기	유튜브 동영상 신고 탭 찾기 신고 대상이 되는 문제 영상의 종류 알기 가상으로 신고해보기
	3	댓글 달기	악성 댓글의 문제점 악성 댓글에 대처하는 방법 가장 기분 좋았던 댓글 best5
	4	유티켓 (유튜브 에티켓)	유튜브를 이용하면서 기분 나빴던 일 유튜브 시민 모두가 기분 좋게 이용할 수 있는 방법 유튜버와 이용자가 지켜야 할 유티켓 정하기
2과정	5~6	스마트폰 촬영과 편집 기법	스마트폰 앱을 활용한 촬영과 편집 기법 익히기
	7~8	다양한 제작 방법	파워포인트 문서를 동영상 슬라이드로 만들기 음성 넣어 편집하기
	9	유튜브 동영상 골라보기	좋은 영상의 조건 낚시 영상이 나쁜 이유 나쁜 영상 신고 방법 좋은 영상을 고르는 방법
3과정	10~11	인권교육: 인종차별	피부색, 인종이 다른 사람들에 대한 생각 피부색 편견의 뿌리 찾기 유튜버 영상 찾아보고 이야기 나누기 나에게 필요한 생각이나 행동의 변화
4과정	12~13	스토리 구성 및 스토리보드 작성	인종에 대한 편견과 차별 스토리 작성 스토리보드 작성
	14~15	유튜브로 하는 나눔과 기부	나눔을 실천하는 유튜버 '천 원의 기적' 영상 보고 이야기 나누기 내가 나누고 싶은 사람이나 단체 정하기 나눔 프로젝트 계획 세우고 실천하기

02 1과정: 유튜브에도 에티켓

1차시. 우리는 유튜브(Youtube) 시민

빨간 직사각형 가운데 하얀 재생 버튼을 보면 사람들은 무엇을 떠올릴까? 전 세계인이 요즘 가장 많이 또 가장 즐겨 이용하고 있는 동영상 앱, 바로 유튜브일 것이다. 유튜브는 어느새 우리 삶에 깊숙이 들어와 생활 전반에 영향을 미치고 있다. 전 세계인은 매일 10억 시간을 유튜브 동영상 시청에 쓴다.

유튜브의 매력을 이야기할 때 먼저 영상의 힘을 이야기하지 않을 수 없다. 긴 말이나 글보다 몇 초의 영상이 메시지를 더 쉽고 강력하게 전달하기 때문에 사람들은 유튜브에 빠져든다. 쉽고 편리하게 이용할 수 있는 영상 자료의 양 또한 매우 방대하다. 구글에 따르면 1분마다 유튜브에 업로드 되는 동영상은 500시간(2019년 기준)이 넘는다고 하니 평생 볼 수 없는 어마어마한 양의 영상이 계속 쌓이고 있는 것이다. 무엇보다 많은 양의 정보를 이용하면서도 이용료가 무료라는 것도 유튜브의 가장 큰 매력일 것이다. 무언가를 따라서 배울 수 있는 영상(러닝 콘텐츠)은 심지어 학원비도 절약해 준다. 원하는 시간에 이용할 수 있다는 것도 큰 장점이다. 콘텐츠의 다양성으로 자신의 수준과 눈높이에 맞는 영상을 선택할 수 있다는 장점도 있다.

여러 사람이 모이는 곳은 어디나 갈등이나 문제가 일어나기 마련이다. 갈등이나 문제를 최소화하기 위해서는 서로에게 피해를 주지 않기 위한 규칙이나 질서가 필요하고 더 나아가 다른 사람을 배려하는 마음이 필요하다. 유튜브도 마찬가지다. 영상을 만드는 유튜버나 이용자 모두 규칙을 지키고 서로 배려해야 누구도 피해를 입지 않고 유튜브를 지속적으로 잘 이용할 수가 있다.

우리는 유튜브 시민

1. '유튜브' 하면 무엇이 떠오르나요? 나에게 유튜브란 무엇인지 비유로 나타내 봅시다.

> 내가 생각하는 행복이란 ( )이다.
> 왜냐하면 (   )이기 때문이다.

2. 세계인들이 유튜브에서 영상을 시청하는 시간은 하루에 10억 시간이 넘는다고 합니다. 사람들은 왜 이렇게 유튜브에 모여드는 걸까요? 친구들과 함께 유튜브의 매력을 정리해 봅시다.

·

·

·

3. 많은 사람이 모이는 가상의 도시 유튜브가 안전하고 평화로우며 모두가 행복한 곳이 되려면 그곳에 모인 시민들에게 필요한 태도는 무엇일까요? 친구들과 토의하여 정리된 생각을 써 봅시다.

유튜브에서 사람들은 보통 제목이나 미리보기를 보고 동영상을 선택하여 시청한다. 하지만 제목이나 미리보기와는 전혀 관련 없는 영상일 경우가 종종 있다. 심지어는 화면에 관련 없는 사진 몇 장이 연속되며 '삐' 하는 소음만 들리는 경우도 있다. 새로운 정보를 주는 것처럼 눈에 띄는 제목을 내세웠으나 정작 내용은 해당 주제에 대한 세간의 추측과 소문을 단순히 짜깁기한 게시물인 경우도 많다.

자극적인 제목을 달아서 사람들의 관심을 끌고 조회 수를 올리려는 동영상을 '악성 클릭베이트'('클릭click'+'낚시bait'의 합성어)라고 하는데 '낚시 영상'이라고 불리기도 한다. 낚시 영상 때문에 소중한 시간을 낭비했다는 생각이 들면서 유튜브 동영상에 대한 신뢰에 금이 가기도 한다. 구글에서도 이러한 콘텐츠의 질 저하는 유튜브의 이미지에 타격을 입힌다는 것을 알기 때문에 철저하게 관리하려고 노력한다.

예를 들어 구글에서는 동영상 조회 수(영상을 본 횟수)가 아닌 평균 시청 시간(영상을 본 시간)을 기준으로 동영상 목록의 상단에 나타나도록 알고리즘을 수정한 경우가 있다. 알고리즘 수정 후에 실제로 유튜브 이용자들의 평균 동영상 시청 시간이 증가세를 보였다고 한다. 낚시 영상에 대한 구글의 기술적인 거름 장치가 어느 정도 효과가 있는 것은 사실이지만 모두 걸러내기에는 역부족이다. 구글의 노력 이외에 우리 스스로도

낚시 영상을 걸러내는 노력이 필요하다. 그러한 노력으로 중요한 것은 낚시 영상을 발견하는 즉시 신고를 하는 것이다. 유튜브 동영상 하단에 보이는 점 세 개를 클릭한 후 신고를 클릭한다. 그리고 메뉴에서 해당 사항을 선택하면 된다. 낚시 영상은 '스팸 또는 사용자를 현혹하는 콘텐츠'에 해당된다.

1. 문제가 있는 영상을 발견했을 때 신고하는 방법을 알아봅시다. 유튜브 동영상 아래쪽에 보이는 점 세 개(더 보기)를 클릭하고 깃발 아이콘의 신고 탭을 찾아보세요.

2. 신고 대상이 되는 문제 영상에는 어떤 것들이 있나요? 위의 9가지 항목을 살펴보고, 항목 옆의 물음표를 하나씩 클릭하며 자세히 살펴보세요.

3. 낚시 영상을 발견했다고 생각하고 신고 연습을 해 봅시다. 신고서를 제출할 때에는 문제 영상의 URL(주소), 신고자의 이름, 주소 등이 필요합니다.

3차시. 댓글 달기

악성 댓글이 주는 정신적 피해는 목숨을 앗아갈 만큼 크다는 것은 이제 누구나 공감할 것이다. 유튜브에서도 악성 댓글 문제는 피해갈 수 없다. 영상 하단에 달리는 댓글에 의해 유튜버는 울고 웃는다. 또한 악성 댓글에 시달리는 유튜버도 많이 있으며, 악플로 인한 상처로 유튜버 활동을 중단하는 계기가 되기도 한다. 어느 중학생 크리에이터는 "제 욕을 하는 건 상관없는데 부모님 욕은 하지 말아주세요"라고 호소하기도 한다. 나이에 상관없이 크리에이터가 될 수 있기에 요즘에는 초등학생이나 중학생 크리에이터가 많이 등장하고 있다. 따라서 어린 연령의 크리에이터들에게는 악성 댓글이 더 큰 충격으로 와 닿기 때문에 더욱 문제가 된다.

악성 댓글에 감정적으로 대처하게 되면 거친 말이 오고 가거나 폭력으로 번지게 되어 더 큰 문제가 생기거나 서로 더 심각한 피해를 볼 수도 있다. 언제 어디서든 크리에이터가 될 수 있는 학생들에게 미리 악성 댓글에 대처하는 방법을 알려주는 것이 필요하다. 무엇보다 악플러를 상대로 욕을 하는 등 절대 맞대응을 하면 안 된다는 것을 유념해야 한다. 분노나 화가 일어나 즉흥적인 감정으로 대처하고 후회하지 말고 이성적으로 댓글을 캡처하여 저장해둔다거나 사진을 찍어둔다거나 하여 증거 자료를 확보하는 것이 무엇보다 중요하다. 그리고 모든 댓글에 반응하지 말고, 정중한 말로 사과나 재발 방지를 요청하는 댓글을 달아야 한다. 그래도 계속되면 신고 후 삭제하도록 한다.

댓글의 힘

1. 악성 댓글의 문제점은 어떤 것이 있을까요? 모둠 친구들과 돌아가며 이야기해 봅시다.

2. 피해를 최소화하면서도 악성 댓글에 대처하는 가장 좋은 태도나 방법은 무엇일까요? 친구들과 토의해 봅시다.

3. 모두가 행복한 유튜브 환경을 만들기 위해서는 악플보다는 선플(좋은 댓글)을 다는 문화가 퍼져야겠지요. 지금까지 나에게 가장 기분 좋았던 댓글 best5를 정해 봅시다.

①

②

③

④

⑤

'네티켓'은 네트워크(Network)와 에티켓(Etiquette)의 합성어로 인터넷을 사용하는 시민(네티즌)에게 필요한 예절(에티켓), 즉 사이버공간에서 지켜야 할 예절을 의미한다. 네티켓의 의미와 필요성은 인터넷을 사용하는 대부분의 사람들이 알고 있을 것이다. 이제는 영상 시대이다. 유튜브 공간에서 지켜야 할 예절, 바로 유튜브(Youtube)와 에티켓(Etiquette)의 합성어인 '유티켓'이 필요한 시대이다.

유튜브 이용자 중 많은 경우에 유튜브를 사용하면서 영상을 올린 유튜버나 다른 이용자 때문에 기분 나빴던 경험이 있을 것이다. 그러한 일을 미리 예방하고, 유튜브에 영상을 올리는 유튜버나, 영상을 이용하는 시청자 모두가 기분 좋게 유튜브를 이용하려면 유튜브 예절을 지켜야 한다.

유튜버와 시청자가 각각 지켜야 할 유티켓은 무엇이 있을까? 유튜버가 지켜야 할 유티켓에는, 다른 사람의 영상을 함부로 도용하지 않기, 음악·그림·폰트 등을 사용할 때 저작권 규정을 잘 준수하기, 다른 사람들에게 도움이 되는 영상 만들기, 거짓인지 진실인지 내용을 잘 확인하기 등이 있을 것이다.

시청자가 지켜야 할 유티켓은 좋은 영상 추천하고 구독해주기, 내가 받았을 때 기분 나쁜 댓글은 다른 사람에게도 보내지 않기, 이용 시간 지키기, 추천 영상의 유혹에 빠지지 않고 좋은 영상 골라서 이용하기 등이 있을 것이다. 이러한 유티켓을 학생들에게 일방적으로 가르치기보다는 모둠 친구들과 토의하여 학생들이 직접 지켜야 할 유티켓 십계명을 정하도록 하는 것이 더욱 효과적인 교육이 될 것이다.

유티켓(유튜브 에티켓)

1. 유튜브를 사용하면서 영상을 올린 유튜버나 다른 이용자 때문에 기분 나빴던 경험이 있나요? 그러한 경험이 있었다면 무엇 때문이었나요? 다 쓴 후에 친구들과 이야기를 나누어 봅시다.

2. 유튜브에 영상을 올리는 유튜버나 영상을 이용하는 시청자 모두가 기분 좋게 유튜브를 이용할 수 있는 방법에는 어떤 것이 있을까요?

3. 인터넷을 사용하는 시민(네티즌)에게 필요한 예절(에티켓)을 네티켓이라고 합니다. 마찬가지로 유튜브를 사용하는 시민에게도 지켜야 할 예절(유티켓)이 필요합니다. 유튜버와 시청자가 각각 지켜야 할 유티켓은 무엇이 있을까요? 모둠 친구들과 토의하여 우리가 지켜야 할 유티켓 십계명을 정해 봅시다.

〈유튜버가 지켜야 할 유티켓〉

-
-
-

〈이용자가 지켜야 할 유티켓〉

-
-
-

03 2과정: 편집과 제작 연습

5~6차시. 스마트폰 촬영과 편집 기법

스마트폰으로 촬영할 때 기본 카메라 앱을 이용할 수도 있지만 여러 가지 촬영 앱을 이용하면 다양한 효과를 얻을 수 있다.

FEICA 앱

FEICA 디지털 필름 카메라 앱은 아날로그 필름이 가진 진하고 거친 색감과 질감을 그대로 담아내 옛 감성을 자극하는 필터 앱이다. 인물 촬영보다는 풍경이나 일상 촬영에 더 적합하다. 6개의 필터셋에 포함된 24개의 필터들은 필름 효과와 만나 깊고 감성적인 분위기는 물론 진짜 필름과 같은 사진을 만들어 낸다. 날짜 스탬프의 날짜와 형식을 직접 지정해 오래 전에 찍은 사진처럼 꾸밀 수도 있고, 새롭게 추가된 이니셜 스탬프로 사진을 보다 특별하게 만들 수도 있다. 스탬프는 쉽고 간단하게 설정할 수 있으며, 필터 화면에서도 바로 접근할 수 있다. iOS 버전으로만 만나볼 수 있고, 유료 앱이다.

VLLO(블로)-Vlog 동영상 편집 앱

　　VLLO 앱은 촬영한 동영상에 움직이는 스티커를 붙여 꾸밀 수 있다. 다양한 색상과 테마로 분위기에 따라 원하는 스티커를 선택할 수 있어 유용하다. 영상 편집이 완료되면 인스타그램이나 유튜브로 공유하기 기능도 있어 편리하다. 단, 상점 탭에서 유료로 결제해야 사용할 수 있다.

　　스마트폰으로 편집할 때 사용하는 앱은 여러 가지가 있지만 무료 앱 중에서도 꾸준하게 많이 사용되고 있고 앞에서도 다룬 키네마스터 앱을 사용하여 편집해보도록 한다.

키네마스터(KineMaster) 앱

(1) 앱을 실행하고 아이콘 '+'를 누른 다음 화면 비율을 16:9로 선택한다.

키네마스터 첫 화면

황금비율 선택

(2) 미디어를 누르고 촬영한 비디오나 사진을 클릭하여 순서대로 선택한다.

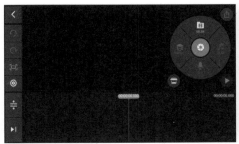
미디어탭 찾기

사진 불러오기

(3) 레이어에서 자막 등의 효과를 넣는다.

자막 등 효과 넣기

자막 넣기의 예

(4) 오디오에서 음악이나 효과음, 목소리를 녹음을 추가한다.

오디오, 탭 찾기

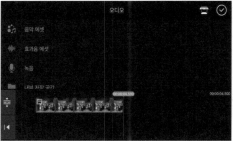
음악, 효과음, 목소리 넣기

(5) 내보내기를 선택하여 동영상 파일로 저장한 후 공유한다.

동영상 파일로 저장하기

공유하기

(1) 앞 차 시에서 정한 유티켓 10계명을 파워포인트로 작성한다.

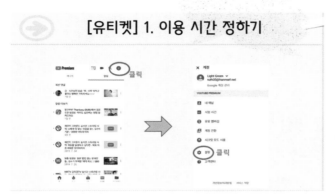

◀ 유튜브앱의
   내 계정 아이콘을 클릭하고
   설정 들어가기

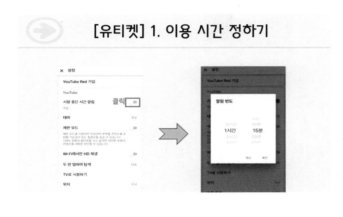

◀ 시청 중단 시간 알림 탭을
   활성화하고
   알림 빈도 선택하기

◀ 설정에서
   동영상 자동재생 기능을
   끄는 것도 도움

[유티켓] 2. 어떤 상황에서도 욕하지 않기

누구에게나 상처를 주는
악성 댓글!

잘못된 행동이라도
욕으로 대응하지 않기!

[유티켓] 3. 좋은 영상 만들기

가족이나 친구가 볼
동영상이라는 생각

다른 사람의 감정을
상하게 하거나
부정적인 영향을 주는
영상은 만들지 않기!

유티켓의 예

(2) 음성을 알맞게 넣고 애니메이션 효과를 추가한다.

애니메이션 효과 넣기

(3) 화면전환 효과와 시간 설정을 한 후 동영상으로 저장한다.

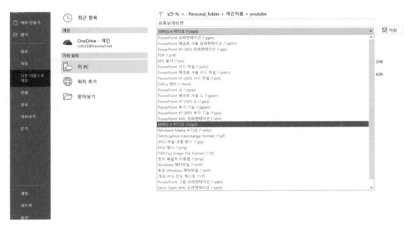

화면전환 효과와 시간 설정 및 동영상으로 저장하기

9차시. 좋은 동영상 골라 보기

유튜브에 접속할 때마다 추천 영상들이 뜨는 것을 볼 수 있다. 이러한 영상들은 매번 달라지는데, 그동안 내가 시청한 영상과 관련 있는 영상이라든지 비슷한 장르에 인기 있는 영상, 구독하고 있는 채널에서 새롭게 업로드된 영상 등이 제시된다. 추천 영상이 때로는 나에게 필요한 채널이나 영상을 연결해주어 도움이 되는 경우도 있지만 그렇지 않은 경우도 있다.

내가 그동안 시청한 영상 중에 좋지 않은 콘텐츠가 있었다면 계속 비슷한 종류의 영상들이 나타나게 되고 자극적인 미리보기로 관심을 끌기 때문에 다른 곳으로 빠져나오기 어렵게 된다. 바람직하고 쓸모 있는 추천 영상 목록이 뜨게 하려면 무엇보다 평소에 좋은 콘텐츠를 가려서 시청하는 습관이 중요하다. 또, 맞춤 동영상이라 하더라도 유튜브 마케팅 차원에서 간간히 나의 시청 기록과 전혀 관련 없는 영상이나 조회 수가 급격히 올라가는 인기 영상 등을 끼워 넣는다는 것을 알아야 한다. 추천 영상을 너무 신뢰하거나 의존해 객관적인 판단 없이 따라가다 보면 상업적인 유혹에 넘어가기 쉽다.

아예 맞춤 동영상을 삭제하여 초기 화면에 뜨지 않게 하려면 다음에 제시한 방법을 참고하면 된다. 최근 본 동영상을 클릭하여 시청기록 지우기를 먼저 실행한다. 그 다음 아래에 있는 시청 기록 일시 중지를 클릭하여 내가 시청한 영상이 유튜브에 더 이상 기록되지 않도록 한다. 그러면 맞춤 동영상 기반 데이터가 사라지게 되어 더 이상 맞춤 동영상이 뜨지 않게 되는 것이다.

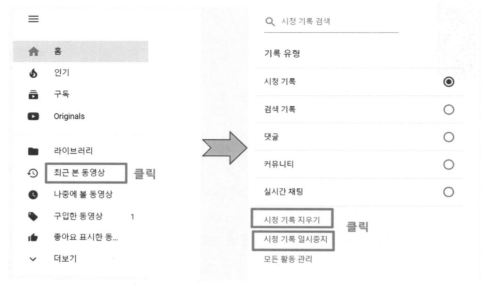

시청 기록 지우고 추천 영상 없애기

유튜브 영상의 바다에서 여러 가지 영상의 유혹에 빠지지 않으려면 이렇듯 맞춤 동영상을 삭제하는 방법 이외에도 영상을 선택하는 기준을 정하고, 채널 설정이나 하루 시청 시간 등 스스로 유튜브 사용 규칙을 세워서 시청하는 습관이 필요하다.

▶ 유튜브 동영상 골라보기

1. 조회 수가 높은 동영상은 다 좋은 영상이라고 할 수 있을까요? 이러한 주제로 친구들과 찬
   반 토론을 해 봅시다.

   – 찬성하는 까닭:

   – 반대하는 까닭:

2. 좋지 않은 영상들은 우리에게 어떤 피해를 줄까요?

3. 좋은 영상의 선택 기준을 친구들과 정하여 봅시다.

   •

   •

   •

04 3과정: 주제토론

우리는 어릴 적부터 접해온 미디어 경험에 의해 피부색에 대한 편견을 가지고 있다. 예를 들어 흑인은 '가난하다', '무섭다'는 편견은 미디어를 통해 경험한 제한된 이미지 때문이다. 이러한 편견을 깨기 위해서 다음 유튜버들을 소개하면 어떨까? 아프리카계 사우디 여성 유튜버 아비르 신더는 사우디 최초의 흑인 유튜버로 중동의 인종차별에 정면으로 도전하고 있다. 그녀는 미용 콘텐츠로 유명세를 얻었으며 구독자 수가 7만 명이 넘는다. 인종차별과 여성차별이 만연한 사우디에서 여성 흑인 유튜버로서 영향력이 상당하다. 또한 손흥민 선수의 100번째 골 소식을 태극기와 함께 영상으로 전해 유명해진 유튜버 'Expessions Oozing'도 구독자 4만 명이 넘는 흑인 유튜버이다. 흑인 유튜버를 통해 흑인이 친근하게 여겨진다면 막연한 편견이나 두려움을 없앨 수 있을 것이다.

우리는 동남 아시아인에 대해서도 경제적으로 뒤처지는 나라가 많기 때문인지 무시하는 경향이 있다. 하지만 동남 아시아인에 대한 편견을 깨기에 충분한 유튜버가 있다. 베트남 출신 유튜버 '미셸 판'은 미국 이민자로서 인종차별을 겪고 화장품 회사 면접에서도 탈락했다. 하지만 본인의 꿈이었던 메이크업 디자이너를 포기하지 않고 경력을 쌓기 위해 유튜브에 뷰티 영상을 올리기 시작했다. 그리고 구독자 수가 890만이 넘는, 뷰티 영상 업계에서 가장 유명한 사람이 되었다. 이렇듯 유튜버를 통해 접하는 여러 가지 에피소드나 질문은 실제로 삶에서 겪을 수 있는 생생한 주제이기 때문에 이러한 문제를 가지고 토론을 한다면 학생들이 더 적극적으로 참여할 수 있을 것이다.

편견과 차별(인종)

1. 나와 피부색, 인종이 다른 사람을 보면 어떤 생각이 떠오르나요? 생각이 떠오르는 대로 아래 문장을 완성해 봅시다.

   ▪ 피부색이 검은 흑인들은 대부분_____.

   ▪ 동남아시아 사람들은 대부분_____.

   ▪ 피부색이 하얀 백인들은 대부분_____.

2. 친구들과 완성한 문장을 서로 발표해보고 비슷한 생각을 찾아보세요. 그러한 생각들은 정말 사실일까요? 많은 친구들이 같은 생각을 하고 있다면 그 생각은 어디에서 왔을까요?

3. 다음에 제시한 유튜버들의 영상을 찾아보고 느낀 점을 친구들과 나누어 봅시다.

   ▪ 사우디의 흑인 여성 유튜버 '아비르 신더(Abeer Sinder)'

   https://www.youtube.com/watch?v=6Pwm06FbdwM&t=6s

   ▪ 베트남 출신 뷰티 유튜버 '미셸 판(Michelle Phan)'

   https://www.youtube.com/watch?v=tO3q7BHXxAA

   ▪ 한국에서 살아가는 흑인 유튜버 '엉클 잼(Uncle Jam)'

   https://www.youtube.com/watch?v=XFTVlUOZlbA

4. 유튜버 엉클 잼의 이야기처럼 나도 모르게 인종차별을 했던 적이 있나요? 그렇다면 나에게 어떤 생각이나 행동의 변화가 필요할까요?

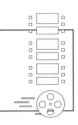

05 4과정: 나눔 실천하기

12~13차시. 스토리 구상 및 스토리보드 작성

스토리를 바탕으로 스토리보드를 작성하게 되는데 스토리보드에는 구체적으로 "무엇을 만들 것인가?", "누구에게", "어떻게 촬영 할 것인가?", "편집 작업은 어떻게 할 것인가?", "테마는 어떻게 할 것인가?"에 대해 구체적으로 설계하는 작업이다.

첫째, 무엇을 만들 것인가를 정한다. 진로 부분에서 자신이 가장 하고 싶었던 이야기가 무엇인지, 20년, 30년 후 내가 잘하는 것은 무엇인지를 떠올려보고 설정한다.

둘째, 왜 영상을 만들려고 하는가를 생각한다. 진로에 대한 나의 생각을 친구들에게 소개, 나의 진로 설계를 구체적으로 설정하기 위해 등 목적을 정한다.

셋째, 어떻게 만들 것인가를 정한다. 인터뷰가 포함된 뉴스 형식, 드라마나 뮤직비디오, 문자형, 사진형, 비주얼 씽킹, 그림을 그려서 스톱모션으로 만들 수도 있다. 즉, 어떤 방법으로 주제를 표현하면 효과적일지를 생각한다.

영화 '설국열차'의 봉준호 감독은 영화를 만들 때 예산을 최대한 아끼려고 스토리보드 작업 단계에서 오랜 시간 작업을 했다고 한다. 이처럼 스토리보드를 작성할 때는 주제가 명확하게 드러날 수 있도록 구체적이고 필요한 것만 제시되어야 한다. 스토리보드는 대사, 자막, 효과음, 배경음악 등 구체적으로 제시하지만 저작권 등은 꼭 점검하고 준비해야 한다.

* 인종에 대한 편견과 차별을 줄일 수 있는 이야기를 구상해 봅시다.

제 목		
작 성 자	작 성 일	
준비물품		
기획의도	목 적	
	대 상	
내 용	스 토 리 (줄거리)	
	구 성	

* 구상한 이야기를 어떻게 나타낼 것인지 스토리보드에 작성해 봅시다.

장면 번호	영 상	음향 및 효과	대 사
1			
2			
3			
4			

자신이 좋아하는 자선 단체를 홍보하는 영상을 만들어 올리고 기부금을 모으는 방식을 (기부형) 크라우드 펀딩이라고 부른다. 이러한 방식은 다수의 대중으로부터 기금을 모으는 플랫폼을 운영하는 방식이다. 초기에 페이스북이나 소셜 네트워크 서비스(SNS)에서 주로 이루어져 소셜 펀딩이라고 불리기도 했다.

브이로그로 유명한 그린 형제(Greens) Hank와 John이 유튜브에서 시작한 굉장한 프로젝트(P4A-Project For Awesome)는 단 48시간 동안 이루어졌지만 대중의 커다란 반응을 일으켜 실제로 굉장한 기부금을 모았고, 유튜브 동영상을 통해 자선 단체에 대한 대중의 인식을 높일 수 있다는 소중한 교훈을 배웠다.

이렇듯 영상의 공유는 깊은 정서적 공감을 통해 사회 변화를 이끌어낼 수 있다. 아이스버킷 챌린지와 같은 영상의 공유는 기부 캠페인에 대해 알릴 뿐만 아니라 해당 희귀병에 대한 대중의 관심을 높이고 결과적으로 더 많은 기부금을 모을 수 있다.

우리나라에서도 몇 년 전부터 조금씩 기부 문화가 생겨나고 기부교육에 대한 필요성이 커지고 있지만 미국이나 유럽 등 선진국과 달리 우리나라 국민들의 전체 기부 수준은 높지 않다. 여러 방면의 기부 캠페인과 효과적인 기부 교육이 필요한데, 여기에도 유튜브를 효과적으로 활용할 수 있다. 기부의 필요성을 말로 설명하는 것보다 단 몇 분의 영상이 사람들의 마음을 더 움직이기 때문이다.

또 교육과정과 연계해서 나눔 프로젝트를 진행하는 데에도 유튜브를 활용할 수 있다. 나눔 프로젝트는 모둠 또는 학급에서 재능이나 기부금을 나누고 싶은 대상을 선정하여 함께 기부금을 모으거나 나눔 행사를 준비하는 프로젝트이다. 예를 들어 독거 노인을 나눔의 대상으로 선정했다면 모둠이나 학급 친구들과 함께 여러 방면으로 기부금을 모아서 독거노인에게 필요한 생활도구(여름에는 선풍기, 겨울에는 전기요 등)를 기부할 수도 있고, 노인복지관 등에서 재능 발표회를 열어서 음식과 함께 대접하며 즐거움을 나눠드릴 수도 있다. 예전에는 학생 개개인이 용돈을 모으거나 음료수를 팔아서 기부금을 마련했지만, 이제는 영상 공유를 통해 더 쉽고 빠르게 기부금을 마련할 수 있으며, 재능기부를 원하는 사람과도 연결될 수 있다. 노인 외에도 장애인, 어린이, 유기동물, 환경단체 등을 나눔의 대상으로 선정할 수 있다. 유튜브 때문에 그전에는 불가능한 많은 일들이 가능해짐으로써, 학생들은 더욱 폭넓은 프로젝트 활동을 할 수 있게 되었다.

유튜브로 하는 나눔과 기부

1. 다음 유튜버들의 공통점은 무엇일까요?

- 유튜버 '씬님'사랑의 열매에 1천100만원 기부
- 보육원에 매달 315만원 기부 약속한 유튜버 '쯔양'
- 강원도 산불에 1억 기부한 유튜버 '허팝'
- 구독자 1000명 기념으로 한 해 유튜브 수익을 나눔과 기부로 사용하기로 한 유튜버 '제노'

2. 천 원의 기적을 알고 있나요? 뇌출혈로 쓰러진 중학생 현민이의 수술비를 모으기 위한 어느 유튜버의 천 원 기부 영상으로 단 하루만에 수술비가 모였습니다. 다음 영상을 보고 생각과 느낌을 친구들과 나누어 봅시다.
https://www.youtube.com/watch?v=i0cS43hGFJ0

3. 내 주변이나 TV, 인터넷을 통해 이야기를 듣고 내가 돕고 싶은 사람이나 단체가 있나요? 없다면 기부 포털사이트(아래 주소)에서 여러 이야기를 보고 선택해 보세요.
https://happybean.naver.com/donation/DonateHomeMain.nhn

4. 그들을 돕기 위해 나는 무엇을 할 수 있을까요? 모둠 친구들과 돕고 싶은 사람이나 단체를 정하고 나눔 프로젝트 계획을 세워보세요. 유튜브를 이용해도 좋습니다.

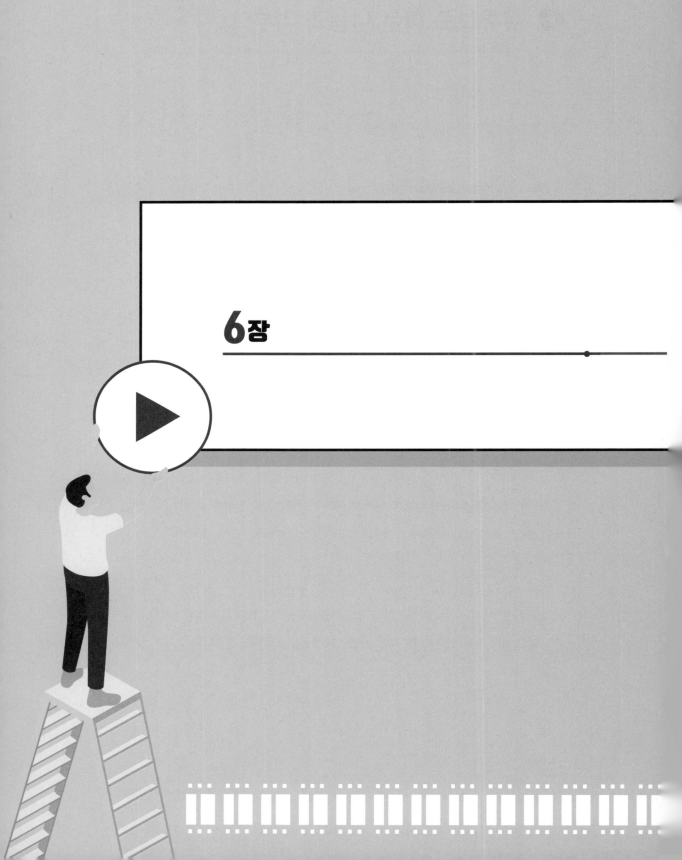

6장

유튜브
독서 토론 교육

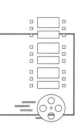

01 수업 개요: 북트레일러와 유튜브 교육

북트레일러?

최근에는 무비트레일러라고 해서 영화 예고편처럼 내용을 안내하는 짧은 영상이 많아지고 있다. TV프로그램에서도, 유튜브를 통해서도 나오고 있다. 사람들은 편안하게 자신의 원하는 영화의 예고편를 보고 그 후에 영화관에 가서 영화를 보게 된다. 빠르게 진행되는 시대에 짧은 시간에 영화를 선택하여 영화관을 찾을 수 있는 이유이다. 최근에는 책 내용을 그림, 음악, 사진 등과 편집하여 소개하는 북트레일러가 주목을 받고 있다.

북트레일러를 만들어 유튜브에 올리는 목적

첫째, 책에 대한 내용을 명확하게 이해하고 있어야 북트레일러를 통해 다른 사람들에게 책을 소개할 수 있다. 책에 대해서 분석하게 되며 메타인지가 작동하여 아는 것과 모르는 것을 분명하게 구분하게 된다.

둘째, 책 소개를 통해서 자연스럽게 책을 가까이하고 스스로 책에 대해서 깊이 읽게 된다. '책' 하게 되면 학생들은 부담스러워 한다. 편안하게 책을 접하고 자신들만이 좋아하는 스타일로 북트레일러를 만드는 과정에서 자발적인 동기부여와 함께 성취감을 느끼게 된다.

셋째, 학생들은 콘텐츠를 만들어 생산하는 생산자가 된다. 대부분의 학생들은 태어나면서 콘텐츠를 소비하는 데 익숙해진 유튜버들이다. 그러나 북트레일러를 소개하는 유튜버가 되면 콘텐츠를 소비만 하는 것이 아니라 생산자로서 다른 사람들에게 긍정적인 내용을 소개하는 생산자가 되는 것이다.

독서 활동 프로그램

전통 독서 활동 프로그램	최근 독서활동 프로그램
원고지 감상문 독서기록장 쓰기 내용 요약하기 줄거리 쓰기 독후감 쓰기	비주얼 씽킹 미니 책 만들기 책표지 만들기 마인드맵 그리기 주인공 인터뷰하기 퍼즐 만들기 영상 만들기

과거의 전통적인 독서 활동은 원고지 감상문, 독서기록장, 내용 요약하여 쓰기, 독후감 쓰기 등이었다. 그러나 최근에는 비주얼 씽킹, 미니 책 만들기, 책표지 만들기, 마인드맵 그리기, 주인공 인터뷰하기, 영상 만들기, 연극 등으로 확장되었다. 유튜브 독서 활동에서 추구하고자 하는 것은 이분법적으로 전통 독서 활동과 최근 독서 활동을 구분하면서 "전통적인 방식이 안 좋다."고 하는 것이 아니다. 이 활동들을 자연스럽게 연결하는 것이다. 독서 후 마지막은 자신의 생각과 마음을 잘 표현하는 것인데 글이 없어서도 안 되며 그림이나 영상이 없어서도 안 된다. 중요한 것은 학생들이 책을 읽고 난 후 마음과 생각을 잘 표현하도록 하는 것이다.

단계	선생님의 역할	요약	전체
1단계 도서 선정	학생들에게 주제와 가이드를 제시	기존의 독서 활동	유튜브 독서
2단계 독서	학생들이 편안하게 읽어 올 수 있도록 안내		
3단계 줄거리 요약	간단하게 글과 그림으로 표현할 수 있도록 함		
4단계 제작 구상	제작 방식에 대한 안내 필요	영상 독서 활동	
5단계 스토리보드 작성	스토리보드 작성 안내 스토리보드 잘된 것 안내		
6단계 제작 연습	촬영 연습 편집 연습		
7단계 북트레일러 제작	촬영 영상에 들어갈 자료 수집, 제작 영상 편집을 잘해서 완성할 수 있도록 안내		
8단계 편집 및 완성	자막을 잘 넣도록 안내	유튜브 독서 활동	
9단계 업로드	개인정보, 사생활 보호		
10단계 영상 토론하기	영상을 보고 서로 감정, 생각을 나누도록 함		

도서 선정 → 독서 → 줄거리 요약 → 제작 구성 → 스토리 보드 작성 → 자료 제작 및 수정 → 영상 제작 → 편집 및 완성 → 업로드 → 나눔(토론)

북트레일러 만들기 과정 10단계

북트레일러 10단계 과정

1단계는 도서 선정 과정인데 학생들에게 선택권을 주도록 한다. 일부 학생들은 선택권을 받으면 쉽게 선택을 하지 못하는 경우가 있다. 이럴 때는 2개 중 하나를 선택할 수 있도록 자율권을 준다. 학생들의 스스로 선택을 하고 자발적인 책 읽기 활동이 이어진다.

2단계는 독서 과정이다. 이 과정은 학생들이 독서를 숙제로 하기보다는 편안하게 읽을 수 있도록 분위기를 조성해 준다. 음악을 틀어 주거나 학생들이 불편해하는 요소들을 제거해 주는 것이 좋다.

3단계는 내용 요약이다. 책을 읽고 내용을 요약할 수 있도록 한다. 이 단계에서는 비주얼 씽킹, 마인드맵, 글 등 다양한 방법을 사용할 수 있도록 한다. 내용을 정리할 때 글과 그림으로 같이 표현해 볼 수 있도록 안내한다. 글은 내용을 논리적으로 표현하도록 하며 그림은 감정을 잘 표현하는 특성이 있기에 책의 내용과 학생 자신의 감정이 잘 나타나게 된다.

4단계는 제작 구상이다. 동영상을 제작하려면 방식을 우선 정하고 제작하는 것이 시간을 절약할 수 있다. 광고, 인터뷰, 그림, 글 등 다양한 제작 방식 중에 내용에 알맞은 것을 먼저 구상하고 정하는 단계이다. 제작 방식이 정해져야 영상을 편집하는 데 시간을 줄일 수 있으며 작품을 완성하는 경험을 가질 수 있다.

5단계는 스토리보드 작성이다. 내용을 중심으로 스토리보드를 작성해야 하며 초등학생의 발달단계에 맞춰 3~4학년, 5~6학년으로 구성하는 것이 좋다. 3~4학년은 스토리보드 작성에 경험이 없는 경우가 많으며, 5~6학년은 스토리보드를 간단하게 작성한 경험이 있는 경우가 있기 때문이다. 스토리보드 작성 시에도 여러 장면을 작성하는 것보다는 먼저 간단하게 포스트잇으로 4장 또는 6장으로 구성하도록 하면 학생들이 비교적 쉽게 스토리보드를 작성한다.

6단계는 영상 촬영과 편집 등을 연습하는 과정이다. 영상을 촬영하는 방법, 동영상을 편집할 때 쓰이는 스마트폰 앱이나 PC 프로그램을 활용하는 방법과 기능을 익히도록 해야 한다. 가능한 학생들에게 흥미로운 주제를 제시해서 연습 과정에 활력을 줄 수 있도록 한다.

7단계는 북트레일러 제작에 필요한 재료들을 수집하고 제작하고 편집하는 과정이다. 그림, 사진, 글 등의 자료를 모아 정리하게 된다. 스토리보드에 맞게 재료들을 정리하는 것이 중요하다. 동영상 촬영, 사진 촬영, 인터뷰, 내레이션 등을 하는 과정이다. 학생들이 촬영에 대한 조작법을 잘 다룰 수 있도록 안내하는 것이 중요하며 최근에는 학생들이 주로 스마트폰을 사용하기 때문에 스마트폰을 이용하여 촬영할 수 있도록 안내한다.

8단계는 편집 및 완성 과정이다. 촬영한 영상, 사진 등을 편집하는 것인데 스토리보드에 맞게 편집한다. 편집 과정에서 상황에 따라서는 앞부분과 뒷부분을 서로 바꾸어 반전을 가져오는 효과를 내기도 한다. 이러한 편집의 효과에 대해서 충분히 이해하도록 한다. 그리고 내레이션으로 채우지 못한 부분을 여러 가지 자막 등으로 채우도록 한다.

9단계는 업로드 과정이다. 편집한 동영상을 유튜브에 올릴 때에는 반드시 개인정보, 사생활 보호, 저작권에 문제가 없는지를 점검해야 한다. 유튜브에 동영상을 빨리 올리기보다는 문제점들을 사전에 예방하고 수정한 후에 올려야 한다. 만약 문제가 되는 장면이 있다면, 빠른 시간 내에 편집해서 다시 올리는 과정을 거쳐야 한다.

10단계는 북트레일러를 시청한 후 서로 이야기를 나누고 토론하는 과정이다. 북트레일러를 시청한 후 관점과 경험에 대해서 생각하고, 다른 사람의 이야기를 충분히 들어보고, 내 생각도 나누는 과정이다. 이때에 서로 이야기 나누는 것을 실천하면서 학생들은 내적으로 성장하는 과정을 거치게 된다.

이처럼 북트레일러를 만들려면 10단계의 과정을 거쳐야 한다. 그러나 수업 및 학생들의 수준에 따라서 과정을 생략하거나 합칠 수 있다. 중요한 것은 영상을 완성해서 만들 수 있도록 긍정적인 경험을 갖게 해 주는 것이다. 그리고 초등학생들에게는 10단계의 과정을 설명해 주면 이해하는 데 어려움을 느끼며 순서도 기억하지 못하는 경우도 있어서 이 과정을 6단계로 줄여서 안내하기도 한다.

북트레일러 만들기 과정 6단계

책을 선택하기부터 나눔을 실천하기까지 모든 과정이 중요하지만 그중에서도 가장 중요한 것은 나눔을 실천하는 것이다. 책의 내용을 읽고 다른 사람의 의견을 듣는 과정이 중요하기 때문이다.

왜 유튜브에 책을 소개하는 것이 좋을까?

보통은 책 선택, 읽기, 내용 정리, 독후감 쓰기에서 끝나게 된다. 하지만 책을 소개하는 영상을 만들게 되면 책을 읽은 다음 다른 사람에게 소개해야 하기 때문에 친절해야 하고, 자세하게 설명을 해야 하고, 다른 사람이 알기 쉽게 설명해야 한다. 이렇게 준비하는 과정에서 학생들은 메타인지를 작동하게 되고 타인을 배려하는 마음을 갖게 되는 것이다.

유튜브에 북트레일러를 올리게 되면, 첫째, 학생들은 자신이 책을 읽고 난 후 느낌을 다른 사람들과 공유할 수 있는 시간적, 공간적 기회를 얻게 된다. 둘째, 유튜브를 소비하는 입장이 아닌 자신의 콘텐츠를 생산하는 생산자가 된다. 셋째, 친구들과 동영상을 시청하고 의견을 자유롭게 나눌 수 있다.

첫째, 책을 선택할 때는 본인이 읽고 싶은 책을 선택하게 한다.
- 책을 선택할 수 있는 기회
- 책이 두껍지 않고 재미있는 책을 선택

- 끝까지 읽을 수 있는 책

둘째, 책을 읽는 과정에서 내용이 쉽게 이해

- 내용을 잘 요약할 수 있도록 훈련

- 키워드 중심으로 요약하기

- 분량이 많으면 챕터별로 요약하기

셋째, 독후감을 쓰는 과정

- 핵심적인 줄거리를 찾기

- 핵심 단어를 찾기

- 자신의 생각을 붙여 표현하기

넷째, 스토리 만들기

- 줄거리를 중심으로 핵심 내용 찾아 표현하기

- 6장으로 줄여 표현하기

- 4장으로 줄여 표현하기

다섯째, 촬영하기

-슬라이드, 비주얼 씽킹, 글, 사람 등 어떤 것을 중심으로 촬영할 것인가?

-누구를 촬영할 것인가?

여섯째, 편집하기

- 어떤 툴(프로그램이나 앱)을 사용할 것인가?

- 편집은 어떻게 할 것인가?

일곱째, 수정하기

- 편집한 것에서 수정할 부분은 무엇인가?

- 자막은 어떻게 넣을 것인가?

- 저작권에 문제가 없는가?

- 초상권에 대한 문제가 없는가?

- 개인 사생활 침해에 문제가 없는가?

아홉째, 유튜브에 올리기

- 공개 범위를 어떻게 할 것인가?

과정 및 차시		차시명	내용
1 과 정	1	북트레일러 개념과 유형을 알고 설명하기	북트레일러 정의, 기능, 유형 북트레일러 감상
	2	북트레일러 책 선정하고 간단하게 소개하기	도서 선정 도서 내용 간단하게 작성 도서 내용 설명
2 과 정	3	북트레일러 제작 방법 알고 만들기	스토리보드 작성 북트레일러 제작 유형
	4	영상 촬영 기법 익히기	스마트폰 앱을 기능 익히기 스마트폰 앱을 활용하여 촬영
	5	영상 촬영 기법 알고 촬영하기	스마트폰 앱을 활용한 다양한 촬영 기법 촬영 시 주의 사항 알고 설명하기
	6	영상 편집하기	사진, 영상, 문자, 음악, 효과, 자막 넣기
	7	유트브에 올려 감상하기	유튜브 올릴 때 주의할 점 알고 설명하기 유튜브 영상 감상하고 긍정적인 피드백하기
3 과 정	8	책 알아가기	전체적인 줄거리 요약 작가의 의도와 관점, 등장인물 나의 관점에서 이야기하기
	9	책 토론하기	책에 대한 나의 생각을 정리하기 비주얼 씽킹으로 포현하기 모둠 구성원들과 나누기
4 과 정	10	스토리보드 작성하기	스토리보드 구성 알아보기 스토리보드 제작 유형 및 작성하기
	11	준비하기	스토리보드에 필요한 사진, 영상, 문자, 음향 준비하기
	12	북 트레일러 제작1	스토리보드 작성하기
	13	북 트레일러 제작2	스토리보드를 바탕으로 촬영하기
	14	북 트레일러 제작3	스토리보드를 바탕으로 편집하기
	15	북 트레일러 제작4	스토리보드를 바탕으로 동영상 올리기
5 과 정	16	감상하고 토론하기	동영상 감상하고 생각 표현하기 동영상 시청하고 긍정적인 피드백 하기
	17	감상하고 토론하기	친구의 동영상을 짧게 요약하기 친구의 동영상에서 배운 점 이야기하기

- 영상 감상 후 생각을 표현할 수 있도록 댓글
- 내가 실천할 내용은 무엇인가?

북트레일러를 활용한 자유학년제 프로그램은 독서 활동, 매체 활용 능력, 교과 단원별 학습목표를 수행할 수 있도록 구성이 되었다. 특히 자유학년제 주제 선택, 진로탐색 활동, 예술+체육활동, 동아리 활동에 맞게 재구성하여 사용하면 된다.

유튜브 북트레일러 프로그램은 모두 17개 차시로 구성되어 있다. 1학기에 충분히 활용할 수 있도록 구성하였으며 학급에서 학생들의 수준에 따라 1년 단위로 재구성하여 사용하면 된다. 북트레일러 유형 및 도서 선정(1과정), 영상 촬영 및 제작연습(2과정), 책 알기(3과정), 북트레일러 영상 편집 및 제작(4과정), 토론하기(5과정)로 구성되어 있다.

생산자 교육으로서 유튜브 교육

요즘 학생들은 태어나면서부터 영상 매체와 스마트폰 기기를 쉽게 접하면서 성장하였다. 스마트폰을 통해 채팅, SNS, 게임, 영상물 등을 즐겨 보지만 대부분이 소비자 입장에서 활용했다. 직접 영상을 만들거나 편집한 경험은 매우 적다. 최근에는 생산자로서 주제에 대해서 정확한 분석과 자신의 생각을 통해 내용을 재구조화하는 능력을 키우고 표현하는 방법이 중요하다. 따라서 영상에 대한 이해와 미디어 리터러시 요소를 분명하게 제시하는 것을 권장한다.

표 4 생산자로서 유튜브 교육

미디어 리터러시	읽기	비판적 읽기	생각	표현
유튜브 독서	책 읽기	내용 정리	생각	표현

미디어 리터러시는 정보를 읽고, 쓰는 능력을 말한다. 독서는 책의 내용을 읽고, 내용을 정리하여 독후 활동을 하는 과정이다. 이 둘은 분리되어 생각하기보다는 같은 맥락에서 보아야 한다. 소니아 리빙스턴(Sonia Livingstone)은 미디어 리터러시라는 개념이 다양한 맥락에서 사용됨으로써 개념의 혼동이 야기되었다고 지적하고 다양한 미디어들에 포괄적으로 적용될 수 있는 미디어 리터러시를 "다양한 형태의 메시지에 접근해서 분석 평가하며, 다양한 형태의 메시지를 만들어낼 수 있는 능력(ability to access, analyze, evaluate, and create message in a variety of forms)"으로 정의했다. 리빙스턴이 제시한 미디어 리터러시의 구성 요소는 다음과 같다(Livingstone, 2004, pp. 5-8).

① 접근 능력(Access): 미디어 콘텐츠 및 서비스 품질과 관련된 지속적인 접근 조건
② 분석 능력(Analyze): 상징적 텍스트의 의미를 해석할 수 있는 능력(skill to decode)
③ 평가 능력(Evaluate): 미디어 콘텐츠가 생산되는 맥락에 대한 지식 체계 및 지식의 객관성과 품질에 대한 비판적인 평가 능력
④ 창조 능력(Create) : 참여, 사회자본, 시민문화와 관련된 콘텐츠 생산

리빙스턴[7]은 다양한 미디어가 함께 사용되는 현재의 미디어(pan-media) 이용 환경에서 미디어 리터러시는 다양한 미디어를 대상으로 한 개념으로 복수형인 '리터러시즈(literacies)'로 사용되어야 한다고 주장한다(Livingstone, 2004, p. 8). 그는 시청각 미디어가 지배적이었던 시기에는 미디어 리터러시가 '이용자의 수용성(audience reception)'과 '해석(interpretation)' 능력에 초점을 맞추었지만, 누구나 콘텐츠를 생산하고 확산시킬 수 있는 현재의 미디어 이용 환경에서는 참여적, 비판적 능력이 반영된 미디어 리터러시 개념이 요구된다고 언급했다. 그는 미디어 리터러시가 사회적 참여를 위한 핵심 수단으로 미디어 리터러시를 제고하는 목적은 '미디어 이용자를 수동적인 위치에서 적극적인 위치로, 수용자에서 참여자로, 그리고 소비자에서 시민으로' 자리매김하

는 데 있다고 언급했다)⁸

표 5 유튜브 리터러시

읽기	분석	표현	말하기
능동적 읽기 정보 확인 하기	비판적 분석	다양한 방법 찾기 다양한 방법 표현	좋은 점 찾기 작품 피드백

　본디지털(Born digital) 세대라고 불리는 요즘 학생들은 태어나면서부터 영상매체와 멀티미디어 기기를 쉽게 접하면서 자라왔다. 인터넷과 스마트폰을 통해 여가시간에 채팅, 게임, 영상물 등을 즐겨 보면서 많은 시간을 보내지만, 직접 영상을 제작하거나 편집해본 경험은 많지 않다. 영상 제작 경험이 부족한 학생들에게 막연하게 영상을 제작하게 하는 것보다 유튜브에서 다양한 형식으로 제작된 북트레일러와 영상 촬영 기법을 찾아보고 감상하도록 하면 그 속에서 다양한 제작 아이디어를 얻을 수 있다.⁹

북트레일러를 활용한 다양한 프로그램

　북트레일러 프로그램은 다매체 세대인 학생들에게 독서에 대한 흥미와 관심을 유발시킨다. 제작 과정에서 즐거움을 느낄 수 있으며, 새로운 창작물을 완성했다는 성취감 또한 느낄 수 있다. 급변하는 지식 정보화 시대와 교육 패러다임 변화에 발맞춰 북트레일러 독서 활동 프로그램을 응용할 수 있다. 어떤 도서를 선정하느냐에 따라 다양한 교과와 융합하여 협력수업을 진행할 수 있다. 각 교과의 단원 주제와 학습목표를 달성할 수 있고, 자유학기제(자유학년제) 프로그램, 동아리 활동, 교내 행사까지 다양한 활동을 전개하여 북트레일러 독서 프로그램으로 운영할 수 있다.

표 6 동영상 내용 요약

인물의 특징			
제목 바꾸어보기	원제목		내가 만드는 제목
책에서 나오는 색	아빠	아들	나의 색
	파란색	주황색	
생각해 보기	질문1. 하루 중에 가장 행복한 시간은 언제인지 생각하고 표현해 보세요.		
	질문2. 나와 아들과 비슷한 점을 찾아보고 내가 꿈꾸고 있는 것은 무엇인지 표현해 보세요.		
	질문3. 내가 꿈꾸고 있는 것을 위해 어떻게 준비하고 있는지 표현해 보세요.		

02 제작 유형별 북트레일러

읽은 책 가운데 소재 정하기

여러 책을 읽고 나서 어떤 책을 소개 영상으로 만들지에 대해서 선택을 해야 한다. 개인별로 결정할 수도 있으며 모둠별로 결정할 수도 있다. 초등학교 저학년에게는 개인별로 하는 것을 권장한다. 고학년에게는 모둠 활동에 많이 익숙해져 있기 때문에 개인별로 고르고 이어서 모둠 활동으로 이어가는 것을 권장한다.

학생들이 책 소개 영상의 소재를 정할 때는 주제 중심과 경험 중심으로 나눌 수 있는데 주제 중심은 교과와 관련된 여러 주제들을 중심으로 학생들이 선택하도록 하거나 교과의 내용과 연계하여 주제를 던져 주는 방식이다. 경험 중심은 학생들이 경험을 토대로 이야기를 이끌어낼 수 있기 때문에 정서적, 인성 중심으로 수업을 이끌어 갈 때에는 경험 중심의 소재 정하기를 권장한다.

주제 중심	경험 중심
미래 모습	여행
환경	가족
민주시민	친구
안전	갈등
스마트폰 사용	칭찬

제작 중심 북트레일러와 내용 중심 북트레일러

북트레일러는 작가 인터뷰와 사진, 텍스트와 삽화, 컴퓨터 그래픽, 손 그림을 활용하여 간단하게 제작된다. 최근에는 더욱 다양한 표현 방식과 장르로 제작되고 있다. 애니메이션 기법이 활용되기도 하고, 영화나 뮤직비디오를 보는 듯 아름다운 영상미로 승부하는 북트레일러도 등장하고 있다.

북트레일러의 유형은 어떤 형식으로 제작되느냐에 따른 '제작 중심형'과 책의 내용을 바탕으로 이야기 구성에 따른 '내용 중심형'으로 분류할 수 있다. 제작 중심형은 사진형, 인터뷰형, 문자형, 스토리 전개형, 애니메이션형, 융합형으로 나눌 수 있으며, '내용 중심형'으로는 줄거리 중심형, 사건 중심형, 인물 중심형, 감상 중심형으로 나눌 수 있다. 수업에서 학생들에게는 이러한 유형을 소개하고 책의 내용이나 스토리 재구성에 따라 여러 가지 유형 중 선택하여 북트레일러를 만들 수 있도록 안내하면 된다.

제작 중심 북트레일러	내용 중심 북트레일러
사진	
인터뷰	줄거리 중심
문자	사건 중심
영화 예고편	인물 중심
애니메이션형	감상 중심
융합	

사진형 북트레일러

여러 장의 사진이나 직접 그린 그림을 활용하여 책의 내용을 표현한다. 사진만으로는 책의 내용을 온전히 전달하는 데 한계가 있다. 이럴 때는 사진에 자막을 추가하거나 음성 내레이션을 활용하면 내용을 명확하게 전달할 수 있다.

사진형으로 북트레일러를 만들 때, 이미지를 직접 촬영하거나 그리는 것은

#1. 오래된 사진을 찍은 장소에 다시 간다.

사진형

아무런 문제가 없지만, 인터넷에 있는 이미지를 사용할 경우 반드시 저작권에 유의해야 한다. 되도록 저작권이 없는 사진들을 모아 놓은 사이트에서 이미지를 검색하거나 수집하고, 저작권이 없는 이미지라도 마지막 장면에 출처를 반드시 남겨 주어야 한다. 가능하면 직접 촬영해서 편집하는 것을 추천한다.

인터뷰형 북트레일러

인터뷰형

작가, 독자 혹은 유명 연예인을 등장시켜 책을 쓰게 된 동기나 책의 내용, 작가 혹은 독자의 생각 등을 인터뷰하는 방식으로 제작한다. 인터뷰형 제작에는 최인철 교수의 《굿 라이브》, 조지 윌드의 《우리는 어디에서 어디로 가는가》 등을 참고하면 된다.

인터뷰형은 책과 관련된 인물을 등장시킴으로써 신뢰성을 높일 수 있지만, 작가와 책의 내용에 관심이 있는 독자를 제외하고 관심을 끌기 어렵거나 학생들이 직접 인터뷰하는 과정에 교사의 도움이 많이 필요한 단점이 있다. 하지만 학생들은 직접 작가와 만나는 경험을 통해 책에 대해 더 관심을 가지고 참여하게 된다. 인터뷰형은 다른 유형들과 융합하고, 이야기를 재구성해 다양한 방식으로 표현할 수 있다.

문자형 북트레일러

성과 없이
항상 그 자리에
머물러 있는

문자형

책의 간략한 줄거리나 핵심적인 사건 등을 화면에 문자로 표현하는 유형이다. 전달하고자 하는 메시지를 문자로 확인함으로써 메시지에 집중시킬 수 있는 효과가 있다.

문자형은 책의 주요 내용, 줄거리, 갈등 양상 등을 문자를 활용하여 표현할수 있고, 등장인물들의 핵심 대사를 문자로 표현함으로써 학생들이 책의 중요부분을 발췌하는 능력도 향상할 수 있다.

문자형으로 북트레일러를 만들 때는 화면에 나오는 문장이 너무 길거나, 노출 속도가 너무 빠르지 않도록 조절하는 것이 중요하다. 영상을 처음 보는 사람은 책의 내용을 모르기 때문에 영상에 나타난 문자로만 내용을 이해하게 된다. 그러므로 영상을 보는 사람의 입장에서 제작해야 하며 문장의 길이가 1~2줄, 문자 진행 속도는 천천히 넣는 것을 권장한다.

영화 예고편형 북트레일러

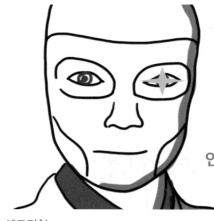

엄습하는 미래 기술의 충격,
인간의 일자리는 과연 사라지는기

영화 예고편형

영화 예고편처럼 극적인 내용을 영상과 음악을 통해 편집하여 제공하는 것이다. 영화처럼 촬영 및 편집을 해서 자연스럽게 소개를 할 수도 있으며 영화예고편처럼 화려하게 할 수도 있다.

영화 예고편형은 영화처럼 연기를 해야 하는 경우도 있기 때문에 저학년 보다는 고학년에서 하는 것을 권장하며 역할을 정해서 연기를 해야 하기에 감정,

표현, 대사 등이 자연스럽게 될 수 있도록 사전에 연습이 많이 필요하다. 또한 촬영에 있어서도 영화처럼 하려면 다양한 각도에서 같은 장면을 여러 번 촬영을 해야 하기 때문에 이러한 촬영 연습도 많이 필요하다. 영상 편집 후 대사를 잘하지 못한 장면이 있을 때는 자막을 통해서 표현하도록 안내한다.

애니메이이션형 북트레일러

애니메이션형

　최근에 북트레일러 중에 가장 많이 사용하는 방법이다. 애니메이션형은 누구에게나 부담 없이 접근할 수 있으며 다양한 스토리로 소개될 수 있다.

　컴퓨터 그랙픽 기법이나 다양한 애니메이션 기법을 활용하여 제작하기도 하지만 학교에서는 학생들이 간단한 손 그림이나 비주얼 씽킹, 스톱모션 등을 통해서 제작할 수도 있다. 저학년에게는 손 그림, 비주얼 씽킹을 권장하며 고학년에게는 비주얼 씽킹, 스톱모션을 권장한다. 스톱모션은 여러 장의 그림을 그려 영상물을 만들게 하며 자연스럽게 애니메이션의 과정을 익힐 수 있고 창의적인 표현들을 손쉽게 만들 수 있도록 도와준다. 학생들이 많이 사용하는 방법 중 하나이다.

사랑하는 사람과 미래를 꿈꿀 때

융합형

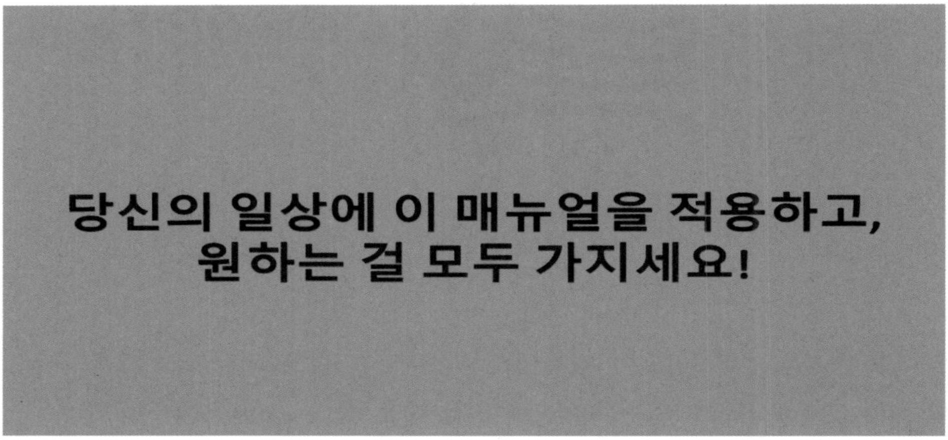

당신의 일상에 이 매뉴얼을 적용하고,
원하는 걸 모두 가지세요!

융합형

　융합형은 여러 가지 유형 중에 두 가지 혹은 그 이상을 융합하여 제작하는 것이다. 〈어떻게 하면 원하는 것을 얻는가〉 영상은 문자형+사진형을 융합한 것이다. 문자로써 전달하려는 메시지를 명확하게 표현하고 사진을 이용함으로써 감성을 풍부하게 표현하고 있다. 융합형은 제작자의 의도와 목적에 따라 다양한 유형을 융합하여 창의적으로 표현하고 제작할 수 있다.

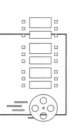

03 내용 유형별 북트리일러

내용 중심 북트레일러	
줄거리 중심	내용에 대해 좀 더 구체적으로 표현
사건 중심	중요한 사건이나 갈등을 중심으로 표현
인물 중심	인물을 중심으로 심리, 성격, 행동 등을 표현
감상 중심	자신의 경험이나 감상을 중심으로 표현

어떤 유형으로 제작할 것인지 선택하는 것만큼 중요한 것이 책의 내용을 어떻게 재구성할 것인가 하는 문제이다. 내용 중심으로 구성하는 것은 어떤 것들이 있는지 알아보고 학생들이 선택할 때 참고할 수 있도록 한다.

줄거리 중심

책은 내용을 중심으로 전개되고 있는데 내용에 대해 좀 더 구체적으로 표현하는 것이다. 내용을 시간, 장소, 책의 순서로 표현할 수도 있다. 책의 이야기를 순서대로 읽듯이 편집하는 것이다. 학생들이 표현할 때 주로 많이 사용하는 방법이다.

사건 중심

책의 내용 중에서 중요한 사건이나 갈등을 중심으로 표현하는 방법이다. 사건 중심이나 갈등을 중심으로 표현하기 때문에 영상을 시청하는 사람에게 좀 더 몰입할 수 있게 되며 흥미를 갖게 한다. 그러나 너무 사건이나 갈등 중심으로 표현을 하게 되면 책의 내용을 너무 한 쪽으로 표현하는 경우도 있기에 균형을 맞추어 표현하는 것이 좋다.

인물 중심

책에서 등장하는 인물을 중심으로 심리, 성격, 행동 등을 중심으로 이야기를 구성하는 방법이다. 인물을 중심으로 표현하기 때문에 인물에 대한 탐색이 중요하다. 그리고 인물과 관련된 주변인물을 통해서 표현되기도 한다. 인물에 대한 표현 방법은 인물에 대한 분석을 통해 독자들이 알기 쉽도록 하는 것이 중요하다.

감상 중심

책을 읽고 난 후 자신의 경험이나 감상을 중심으로 표현한 방법이다. 학생들이 표현할 때는 자신의 경험을 중심으로 책의 내용을 비교하여 표현함으로써 학생들의 생각과 느낌을 끄집어 낼 수 있는 장점이 있다. 학생들도 많이 표현한 방법이기 때문에 익숙하고 내용 표현도 잘 된다.

교사들은 내용 중심형에서 학생들이 원하는 방법을 선택해 자신 이야기를 잘 표현하도록 분위기를 조성해야 한다. 학생들이 편안한 분위기에서 활동할 수 있도록 음악을 준비하는 것을 권장한다. 학생들이 자신의 경험을 통해서 책의 내용을 이해하고 다른 사람들에게 쉽게 설명하며 이야기 나눌 수 있는 자료가 만들어지기 위해서는 교사가 학생들에게 칭찬과 격려를 해주어야 한다.

04 스토리보드

제작 유형 설정과 시놉시스 작성

　책을 읽고 내용을 중심으로 이야기를 구성하는 과정이다. 책의 줄거리를 분석하고 그 내용을 바탕으로 북트레일러 제작 구상 과정을 통해 북트레일러의 유형과 스토리 전개 과정, 전체적인 분위기를 설정해야 한다.

　책의 전체적인 줄거리, 핵심적인 사건과 흐름, 내용을 구체적으로 작성하게 된다. 이러한 내용을 바탕으로 모둠원들과 함께 제작 유형을 설정할 수도 있고 개별적으로 제작 유형을 설정할 수도 있다. 이야기를 어떻게 재구성할 것인지 결정하고 시놉시스를 작성하면서 제작하고자 하는 북트레일러의 간략한 줄거리를 보다 명확하게 표현하도록 한다.

제작 유형	
시놉시스	
제작 유형	조합형(문자설명형, 사진형)
시놉시스	어느 날 사냥꾼이 겨눔자로 북극곰 코 두재를 발견-〉이것을 엄마 북극곰이 발견하고 아기 북극곰을 얼른 앉는다-〉사냥군이 다시 보니 코가 하나만 발견-〉다시보니 아무것도 보이지 않음 -〉아기 북극곰이 엄마코를 가려 주고 있었음-〉때마침 눈보라가 몰아쳐 아무것도 보이지 않았음

스토리보드 작성

재구성한 이야기를 구체적으로 표현하는 과정이다. 스토리보드를 잘 작성하면 그만큼 촬영이나 편집하는 시간을 줄일 수 있기 때문에 구체적으로 작성해야 한다. 학생들과 스토리보드를 작성해 보니 8컷~16컷 정도가 적당하다. 스토리보드 왼쪽에는 영상의 핵심적인 부분을 글과 그림으로 표현하도록 하며 오른쪽은 영상의 시각적인 부분과 청각적인 부분을 문자, 음향 등으로 어떻게 구성할지 자세하게 작성하도록 한다.

그림	문자 및 음향
	문자: 음향: 기타:
	문자 : 아이곰이 엄마곰의 코를 가리고 있다. 음향 : 잔잔한 음악 기타:

스토리보드는 그림을 잘 그리는 학생에게는 그림으로 구체적으로 표현할 수 있도록 하며 그림을 잘 그리지 못하는 학생에게는 관련된 사진이나 일러스트를 찾아 붙이도록 한다. 또는 글자로 표현+도형으로만 표현해도 된다. 그러나 장면을 표현하는 문자, 음향, 준비물들은 구체적으로 표현하도록 한다.

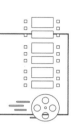

05 북트레일러 소개 및 평가

북트레일러는 소개하는 활동을 통해서 학생들은 본인이 책을 읽고 재해석한 내용을 다른 사람들에게 알리게 된다. 이 과정을 통해서 본인은 느낌과 생각을 다시 한 번 정리하게 되고 친구들은 발표자의 내용에 관심을 가지고 듣게 된다. 소개하는 사람은 준비 과정과 소개하는 과정을 통해서 자신의 생각과 느낌을 정리하게 되는 것이 큰 장점이다.

북트레일러는 평가하는 과정에서 단순하게 잘못을 지적하는 과정이 되어서는 안 되며 과정에서 어려웠던 점을 나누게 하고 개선 방안을 서로 나누게 하는 쪽으로 이끌어가야 한다.

평가 내용	잘함	보통	노력필요
동영상의 내용은 이해하기 쉬운가?			
자막은 쉽게 알 수 있도록 표현되었는가?			
개인정보, 저작권은 문제가 없는가?			
시간 및 분량은 적절한가?			
평가 만들기			
기타 의견			

1) 외모가 개인 간의 우열과 성패를 가름한다고 믿는 외모지상주의에 반대하며 꾸미지 않을 자유를 주장하고 탈코르셋 운동 등에 참여하는 사람

2) [네이버 지식백과] 개인정보보호법(pmg 지식엔진연구소, 시사상식사전, 박문각) 참조.
   https://terms.naver.com/entry.nhn?docId=932693&cid=43667&categoryId=43667

3) https://support.google.com/youtube/answer/7671399

4) 《테크M》 제65호(2018년 9월호) 참조.

5) 《경향신문》 2018. 11. 23.

6) 《경향신문》 2018. 10. 23.

7) 박종구, 〈스마트 미디어와 미디어 리터러시〉, 《뉴미디어 채택 이론》, 2013. 2. 25.

8) Livingstone, S.(2004) Media literacy and the challenge of new information and communication technologies. *The Communication Review*, 7(1), 3~14.

9) 김해동, 《유튜브 리터러시》, 깨미동, 2019

삶과 교육을 바꾸는
맘에드림 출판사 교육 도서

교사는 수업으로 성장한다

박현숙 지음 / 값 12,000원

그동안 교사는 수업에서 아이들을 만나지 못해왔다. 관계와 만남이 없는 성장의 결손을 낳았다. 이 책에서는 교사, 학생, 학부모, 지역사회가 공동체로서 서로 관계를 맺을 때에만 배움은 즐거운 활동으로서 모두가 성장하는 삶의 일부가 될 수 있음을 보여준다.

수업 딜레마

이규철 지음 / 값 14,000원

이 책을 관통하는 키워드는 '사람'이다. 저자의 노하우를 전수하는 것이 아니라, 수업 속에서 딜레마에 맞닥뜨려 고통 받고 있는 선생님들의 고민, 신념을 담고, 그것을 이겨내기 위한 한 분 한 분의 마음을 담고 있다. 이 책은 다시 한 번 교사로 잘 살아보고 싶은 도전을 하게 한다.

엄선생의 학급운영 레시피

엄은남 지음 / 값 14,000원

34년 경력의 현직 교사가 쓴 생동감 넘치는 학급운영 지침서. 초등학교에서 아이들은 문자와 숫자를 익히는 것보다 학교와 교실에서 낯설고 모험적인 사건을 겪으면서 더 많은 것을 배운다. 이 책은 초등학교에서 교과서 지식보다 더 중요한 학교생활과 학급문화를 만드는 담임교사의 역할을 다룬다.

수업 디자인

남경운, 서동석, 이경은 지음 / 값 15,000원

서울형 혁신학교의 대표적인 수업 혁신을 담은 이야기. 아이들이 서로 협력하면서 배우는 수업을 목표로 삼은 저자들은 공동 수업설계를 대안으로 제시한다. 아이들은 서로 '옥신각신'하며 함께 문제에 도전할 때 수업에 몰입하고 배우게 된다. 이 책은 이러한 수업을 어떻게 만들어가는지 잘 보여준다.

땀샘 최진수의 초등 수업 백과

최진수 지음 / 값 21,000원

초등학교에서 20여 년간 아이들을 가르쳐온 저자가 초등학교 수업에 대해서 기록하고 연구하고 실천하며 쌓아온 경험을 바탕으로 초등학생들과 수업을 함께하는 방법을 담고 있다. 초등학교 교사가 아이들을 가르칠 때 알아야 할 가장 기본적이면서도 가장 중요한 모든 것을 다루고 있다.

교실 속 비주얼씽킹

김해동 지음 / 값 14,500원

이 책은 비주얼씽킹 기본기부터 시작하여 교과별 수업, 생활교육, 학급운영 등에 비주얼씽킹을 응용하는 방법을 설명하고 있다. 특히 교사들이 초등학교 1학년부터 고등학교 3학년까지 국어, 수학, 영어, 과학, 사회 등 모든 교과 수업에 비주얼씽킹을 활용할 수 있도록 수업 지도안을 상세하면서도 간결하게 제시하고 있다.

수업, 놀이로 날개를 달다

박현숙, 이응희 지음 / 값 13,500원

교육계에서 최근 가장 중요한 과제로 삼고 있는, OECD의 여덟 가지 핵심 역량(DeSeCo)에 따라 여러 놀이들을 분류해서 설명하고 있다. 이 책의 저자들은 수업이 놀이를 만났을 때 어떻게 핵심 학생들의 핵심 역량이 강화되는지 이야기하고 있다.

수업 코칭

이규철 지음 / 값 15,500원

가르치는 일을 함으로써 학생들의 배움을 돕는 교사들에게 수업은 시간적으로도, 공간적으로도 학교에서 자신이 하는 일의 중심을 이룬다. 그래서 수업에 관한 고민은 교과를 가리지 않고 교사들에게 일반적으로 드러난다. 이 책은 그중에서도 '수업 코칭'이라는 하나의 흐름을 다룬다.

교사들이 함께 성장하는 수업

서동석, 남경운, 박미경, 서은지,
이경은, 전경아, 조윤성 지음 / 값 15,000원

이 책은 배움 중심 수업을 위해 서로 다른 여러 교과 교사들이 수업을 디자인하고 연구하는 '수업 모임'에 관해 다룬다. 수업 모임 교사들은 함께 교과 수업을 디자인하고, 참관하고, 발견한 내용을 공유하고 평가하는 피드백을 통해 수업을 개선해간다.

땀샘 최진수의 초등 학급 운영

최진수 지음 / 값 19,000원

이 책의 저자는 학급운영의 출발은 아이들을 '가르치는 대상'에서 '존중받는 존재'로 바라보는 것에서 시작해야 한다고 이야기한다. 또한 아이들과 함께하면서 교사는 성장한다. 이러한 성장은 교사 스스로 자신을 되돌아보고 성찰할 때 비로소 이루어지며, 그 결과 올바른 학급운영이 이루어진다고 이 책은 말한다.

얘들아, 하브루타로 수업하자!

이성일 지음 / 값 13,500원

최근에는 교사 위주의 강의 수업에서 학생 위주의 참여 수업으로 많은 변화가 이루어지고 있다. 이는 4차 산업혁명 시대를 살아가야 할 학생들을 위해서는 당연한 것이다. 교실에서 실제로 질문하고, 토론하는 하브루타 참여 수업의 성과를 담은 이 책은 수업을 통하여 점점 성장해가는 아이들의 모습을 보여준다.

핵심 역량을 키우는 수업 놀이

나승빈 지음 / 값 21,000원

이 책은 [월간 나승빈]으로 유명한 나승빈 선생님의 스타일이 융합된 놀이책이다. 이 책은 교실에 갇혀 넘치는 에너지를 발산하지 못하는 아이들과, 단순한 재미를 뛰어넘어 배움이 있는 수업을 고민하는 선생님을 위한 것이다. 본문에서는 수업 속에서 실천이 가능한 다양한 놀이를 제시하고 있다.

교실 속 비주얼 씽킹 (실전편)

김해동 · 김화정 · 김영진 · 최시강,
노해은 · 임진묵 · 공세환 지음 / 값 17,500원

전편이 교과별 수업, 생활교육, 학급운영 등에 비주얼씽킹을 응용하는 방법을
이론적으로 설명했다면, 《교실 속 비주얼씽킹 실전편》은 실제 초 · 중 · 고
학생을 대상으로 수업을 진행한 교사들의 활동지를 담았다.

수업 고민, 비우고 담다

김명숙 · 송주희 · 이소영 지음 / 값 15,500원

이 책은 수업하기의 열정을 잃지 않고 수업 보기를 드라마 보는 것만큼
재미있어 하는 3명의 교사가 수업 연구에 대한 이론적 체계가 아닌, 현장에서의
진솔한 실천 과정을 순도 높게 녹여낸 책이다. 이 속에는 자신의 교실을 용기
있게 들여다보며 묵묵히 실천적 연구자로 살아가는 선생님들의 고민과 성장이
담겨 있다.

색카드 놀이 수학

정경혜 지음 / 값 16,500원

몸짓과 색카드로 초등학교 1학년부터 6학년까지 배우는 수와 연산을 익힐 수
있도록 가르치는 방법을 다룬다. 즉, 색카드, 수 놀이, 수 맵, 몸짓 춤, 스토리텔링,
놀이가 결합되어 아이들이 다양한 감각을 통해 몸으로 수학의 개념과 원리를
터득하게 하는 것이다. 놀이처럼 수학을 익히면서 개념과 원리를 터득해나갈 수
있다.

처음부터 다시 시작하는 수업

민수연 지음 / 값 13,500원

1년 동안 아이들과 교사가 함께 행복한 교실을 만들어나간 기록들이 담겨
있다. 교육의 본질과 교사의 역할, 교육관과 인간 본성에 관한 철학적 고민부터
구체적 방법론, 아이들의 참여와 기쁨에 이르기까지 교육과 관련된 다양한
요소가 버무려져 마치 한 편의 드라마 같다.

영화 만들기로 창의융합 수업하기

박현숙 · 고들풀 지음 / 값 13,000원

창의융합 수업의 좋은 사례로서 아이들과 영화를 만든 이야기를 담았다. 시나리오, 콘티, 촬영, 편집과 상영까지 교과의 경계를 넘나드는 영화 만들기 수업 속에서 아이들은 다양한 역량을 발휘하며 훌쩍 성장한다. 학생들과 영화 동아리를 운영한 사례들도 담겨 더욱 깊이 있는 노하우를 얻을 수 있다.

톡?톡! 프로젝트 학습으로 배움을 두드리다

최미리나 · 이성준 · 김지원 · 조수지 · 심혜민 지음 / 값 19,500원

이 책은 학생들이 흥미를 느끼는 주제로 탐구 활동을 진행해 배움의 진정한 즐거움을 발견하고, 나아가 한층 더 깊은 탐구로 이어지는 선순환이 가능한 프로젝트 수업을 위한 거의 모든 것을 다룬다. 이 책을 통해 의미 있는 프로젝트 수업을 만들어갈 수 있는 다양한 아이디어를 얻을 수 있을 것이다.

주제와 감수성이 살아나는 공감 수업

김홍탁 · 강영아 지음 / 값 16,000원

교육의 본질은 수업이며, 학생들은 수업에서 삶을 배워야 한다. 저자들은 그 연결 고리를 '공감'으로부터 찾아냈다. 역사와 정치, 민주주의를 관통하는 주제가 살아 있는 수업, 타인과 사회를 공감하는 수업을 통해 아이들은 성숙한 민주시민으로 성장해나갈 것이다.

나쌤의 재미와 의미가 있는 수업

나승빈 지음 / 값 21,000원

이 책의 저자는 '재미'와 '의미'를 길잡이 삼아 수업의 길을 뚜벅뚜벅 걸어가고 있다. 책 속에서 제안하는 다양한 재미있는 활동들을 통해 학생들을 좀 더 적극적으로 배움의 세계로 초대하고, 학생들은 자유롭게 생각을 펼쳐나갈 것이다. 아울러 그러한 생각들은 깊이 있는 토론을 통해 의미 있게 확장해나갈 것이다.

하브루타로 교과 수업을 디자인하다

이성일 지음 / 값 14,500원

다양한 과목별 하브루타 수업 사례를 담은 책. 각 교과 수업에 활용할 수 있도록 한 하브루타 맞춤 수업 안내서다. 책 속에는 실재 교실에서 하브루타를 적용한 수업 사례들이 교과목 별로 실려 있다. 각 사례마다 상세한 절차와 활동지를 담아서 누구나 수업에 바로 적용하고 쉽게 따라할 수 있도록 했다.

하브루타 수업 디자인

김보연 · 교요나 · 신명 지음 / 값 16,000원

이 책은 수업하기의 열정을 잃지 않고 수업 보기를 드라마 보는 것만큼 재미있어 하는 3명의 교사가 수업 연구에 대한 이론적 체계가 아닌, 현장에서의 진솔한 실천 과정을 순도 높게 녹여낸 책이다. 이 속에는 자신의 교실을 용기 있게 들여다보며 묵묵히 실천적 연구자로 살아가는 선생님들의 고민과 성장이 담겨 있다.

프로젝트 수업으로 배움에 답을 하다

김 일 · 조한상 · 김지연 지음 / 16,500원

몸짓과 색카드로 초등학교 1학년부터 6학년까지 배우는 수와 연산을 익힐 수 있도록 가르치는 방법을 다룬다. 즉, 색카드, 수 놀이, 수 맵, 몸짓 춤, 스토리텔링, 놀이가 결합되어 아이들이 다양한 감각을 통해 몸으로 수학의 개념과 원리를 터득하게 하는 것이다. 놀이처럼 수학을 익히면서 개념과 원리를 터득해나갈 수 있다.

초등 온작품 읽기

로고독서연구소 지음 / 값 15,500원

1년 동안 아이들과 교사가 함께 행복한 교실을 만들어나간 기록들이 담겨 있다. 교육의 본질과 교사의 역할, 교육관과 인간 본성에 관한 철학적 고민부터 구체적 방법론, 아이들의 참여와 기쁨에 이르기까지 교육과 관련된 다양한 요소가 버무려져 마치 한 편의 드라마 같다.

초등 상담 새로 고침
심경섭 · 김태승 · 박수진 · 손희정 · 김성희 ·
김진희 · 남민정 · 박창열 지음 / 값 16,000원

학교 현장에서 아이들의 부적응이나 문제행동을 고민하지 않는 교사는 거의 없다. 이 책은 이러한 문제에 대한 해결책을 찾는 교사의 상담 지혜를 다룬다. 특히 문제 상황에 따른 원인을 분석하고 명확한 가이드라인을 제시한다. 이는 교실 현장에서 발생하는 거의 모든 문제 상황에 적용될 수 있다.

교사의 말하기
이용환 · 정애순 지음 / 값 15,000원

이 책은 말하기 기술을 연마하기에 앞서 말하고자 하는 상대에 주목해야 함을 강조한다. 그리고 무심코 내뱉은 말 한 마디로 학생들이 얼마나 큰 상처를 입을 수 있는지 경계한다. 아울러 교사의 말이 학생을 성장시키고 나아가 교사 자신까지 성장시키는 엄청난 힘을 발휘한다는 것을 강조한다.

생각하는 교실, 철학하는 아이들
한국 철학적 탐구공동체 연구회 지음 / 값 16,000원

공동체의 유지와 발전을 위해서는 합리적일 뿐만 아니라 합당한 판단을 할 수 있는 시민이 필요하다. 이것은 구성원들의 고차원적 사고와 숙의를 통해서만 달성될 수 있다. 철학함은 생각과 숙의의 기반이 된다. 이 책은 모든 학교 수업을 통해 아이들이 철학하는 역량을 어떻게 키울 수 있는지를 보여준다.

독자 여러분의 소중한 원고를 기다립니다

맘에드림 출판사는 독자 여러분의 소중한 원고를 기다리고 있습니다. 원고가 있으신 분은 nurio1@naver.com으로 원고의 간단한 소개와 연락처를 보내주시면 빠른 시간에 검토하여 연락을 드리겠습니다.